2014促进人才培养综合改革项目—涉农法律研究创新团队建设项目
北京新农村建设研究基地暨首都农产品安全产业技术研究院
北京市属高校人才强教深化计划中青年骨干教师项目
北京农学院文法学科专业建设资金

资　助

投机炒作农产品违法行为研究

佟占军◎著

知识产权出版社

全国百佳图书出版单位

图书在版编目（CIP）数据

投机炒作农产品违法行为研究/佟占军著．—北京：知识产权出版社，2014.12

ISBN 978 - 7 - 5130 - 3267 - 4

Ⅰ.①投… Ⅱ.①佟… Ⅲ.①农产品—商业投机—违法—法律行为—研究

Ⅳ.①D912.290.4

中国版本图书馆 CIP 数据核字（2015）第 002090 号

内容提要

投机炒作农产品违法行为，是对近年来在我国发生的，运用投机性资金，利用一些农产品需求数量相对固定且无法替代、产品产量相对固定、产地集中、生产周期长、易储藏等特点，人为造成农产品价格暴涨行为的概括。

本书主要内容是：（1）投机炒作农产品违法行为可以从主体、主观心态、客观表现和危害性几方面加以界定。（2）投机炒作农产品违法行为具体表现为恶意囤积农产品、哄抬农产品价格和农产品卡特尔。（3）临时价格干预是政府监管投机炒作农产品违法行为的重要措施；价格监管机构之间需要协调。（4）国际投机资本是投机炒作农产品的重要资金来源，对国际投机资本的监管是防范投机炒作农产品违法行为的关键措施。（5）投机炒作农产品行政责任存在不足应加以完善；投机炒作农产品违法行为人承担民事责任不但可以加大违法成本，还能够填补受害人的损失；为了有效规制严重危害社会的投机炒作农产品行为，应当追究投机炒作农产品构成犯罪的行为人的刑事责任。

责任编辑： 蔡 虹　　　　　　　**责任校对：** 谷 洋

封面设计： 邵建文　　　　　　**责任出版：** 刘译文

投机炒作农产品违法行为研究

佟占军　著

出版发行：知识产权出版社有限责任公司	网　　址：http://www.ipph.cn
社　　址：北京市海淀区马甸南村 1 号	天猫旗舰店：http://zscqcbs.tmall.com
责编电话：010 - 82000860 转 8324	责编邮箱：caihong@cnipr.com
发行电话：010 - 82000860 转 8101/8102	发行传真：010 - 82000893/82005070/82000270
印　　刷：北京科信印刷有限公司	经　　销：各大网上书店、新华书店及相关专业书店
开　　本：720mm×1000mm　1/16	印　　张：12
版　　次：2016 年 1 月第 1 版	印　　次：2016 年 1 月第 1 次印刷
字　　数：180 千字	定　　价：36.00 元

ISBN 978-7-5130-3267-4

CONTENTS

目 录

第一章 引 言

近年来，一些农产品价格轮番大幅上涨，上涨的农产品既有粳米、玉米等主要农产品，也有蔬菜、大蒜、绿豆、大葱等农副产品。农产品的价格轮番暴涨引起全社会的广泛关注，一时间"豆你玩""蒜你狠""姜你军""辣翻天""向钱葱"等既形象又充满无奈的术语迅速流传。"（2010 年）5 月以来，国内多地出现大蒜价格疯涨的消息，其中，来自河南的消息称，河南大蒜价格两年涨 100 倍，部分大蒜市场价每公斤达到 19 元，比猪肉贵、比鸡蛋贵、比白菜贵。而另外一个农产品绿豆的市场价也已卖到 12 元一斤，上演一场价格疯涨赛。"[1] 大蒜、绿豆等的疯涨发生在 2010 年前后，在此之后某种农产品价格暴涨仍不断出现。"在'疯狂的白菜'终于回复白菜价之后，'蒜你狠'卷土重来，大蒜部分地区零售价已达到 8 元/斤，鸡蛋价格近期更是大幅飙升，从 3.5 元/斤跃至 5 元/斤甚至更高，变身'火箭蛋'。事实上，进入今年（2012 年）以来，暴涨的不仅仅是大蒜。3 月，北上广等地大葱价格突然快速上行，'10 元买两根'从童话变成现实。4 月，国内多个大型水果市场往年数十元一斤的樱桃突然涨至逾百元一斤，被戏称为'樱谋诡计'。5 月初，广州、北京等地的大白菜更卖出了猪肉价。"[2]

---

[1] 郑风田："应重拳打击农产品炒作"，载《农经》2010 年第 8 期。
[2] 岩雪："农产品价格下半年涨声或再起"，载《证券时报》2012 年 6 月 8 日，第 13 版。

2010 年 5 月 26 日召开的国务院常务会议提出："要严厉打击炒作农产品等违法违规行为。"❶ 发改委等三部门 27 日联合下发通知："各地要立即开展农产品市场秩序专项整治工作，重点查处捏造散布涨价信息、哄抬价格等行为。"❷ 一些媒体将上述行为概括为"投机炒作"或者"恶意炒作"并以之为题加以报道。例如，2010 年 5 月 26 日，《人民日报（海外版）》作了题为《政府将重拳打击农产品炒作：组织专项行动加强监管 不给投机炒作行为留下可乘之机》的报道；2010 年 5 月 28 日，《上海证券报》作了题为《三部门重拳出击 制止游资投机炒作农产品》的报道；《黑龙江粮食》在 2010 年第 3 期作了题为《三部委联合发文严打农产品价格炒作行为》的报道；等等。

根据上述会议精神和媒体报道，将"投机"与"炒作"结合在一起的"投机炒作农产品违法行为"，是对近年来在我国发生的，运用投机性资金，利用一些农产品产地集中、季节性强、产量下降、市场信息不对称等特点，通过恶意囤积、相互串通、哄抬价格等手段人为造成农产品价格暴涨行为的概括。

农产品价格上涨有供求关系变化的原因，也有蔬菜生产基地从城郊转向外地，流通环节增多、运输成本增加和劳动力成本上升等原因，异常天气也是导致农产品价格上涨的重要因素。而行为人的投机炒作则是人为的原因。为了应对金融危机，各国都投放了大量货币，除了海外热钱流入之外，我国目前对房地产市场的调控政策和股市的低迷都造成了资金流动性充裕。"从数量上看，至少有 1 万亿游资在我国对农产品实施'成本狙击'和'价格催涨'，以便从中浑水摸鱼、获取暴利。"❸

---

❶ "温家宝主持召开国务院常务会议部署加强地方政府融资平台公司管理和严厉打击囤积居奇哄抬农产品价格等违法行为"，载 http://news.xinhuanet.com/politics/2010-05/27/c_12149650.htm, 2013 年 7 月 2 日访问。

❷ 李雁争："三部门重拳出击 制止游资投机炒作农产品"，载《上海证券报》2010 年 5 月 28 日，第 F03 版。

❸ 郑风田："别让农产品炒作成为常态"，载《环球时报》2010 年 4 月 21 日。

资本的求利本性和目前的投资环境促成了大量资金投机炒作农产品的局面。

　　在社会上大量流动性资金轮番投机炒作农产品的情形下，本书拟界定投机炒作农产品违法行为，分析投机炒作农产品违法行为的具体表现，探讨政府对投机炒作农产品的监管，以及对国际投机资本的监管，在此基础上分析投机炒作农产品违法行为应承担的法律责任。

第二章 投机炒作农产品
违法行为的界定

投机炒作农产品违法行为与合法经营农产品行为的获利原理是相同的，都是赚取买入价和卖出价之间的差额。但是，投机炒作农产品的违法行为和合法行为之间具有本质的不同。下文将从投机炒作违法行为的主体、主观心态、客观表现和危害性等方面对投机炒作农产品违法行为加以界定。

第一节 投机炒作农产品违法行为的主体

投机炒作农产品的主体是农产品生产经营者及其他相关主体。

一、从主体组织形态的角度观察

从主体组织形态的角度观察，投机炒作农产品违法行为的主体包括自然人、法人和其他组织。

（一）自然人

根据《中华人民共和国民法通则》（以下简称《民法通则》）第二章的规定，个人、个体工商户、农村承包经营户和个人合伙具有自然人的法律地位。

农民个人和农村承包经营户可以从事农业生产经营活动，经依法核准登记的个体工商户和个人合伙也可以从事农产品商业经营。从理论上讲，上述主体都有可能从事投机炒作农产品违法行为，但是在实践中，这些主体往往并不具备进行投机炒作的经济实力和组织能力。

（二）法人和其他组织

经依法登记取得法人资格，从事农产品生产经营活动的法人，可以成为投机炒作农产品违法行为的主体。不具有法人资格，但是在核准登记的范围内从事农产品生产经营活动的其他组织，也可以成为投机炒作农产品违法行为的主体，如从事农产品经营企业法人的分支机构。

在实践中，从事投机炒作违法行为的主体往往是具有较强经济实力的法人和其他组织。在绿豆涨价案中，2009 年 10 月 17 日，吉林某批发市场有限公司等多家企业召集国内 109 家绿豆经销企业，在绿豆主产区召开"第一届全国绿豆市场产销行情研讨会"，各企业相互串通，哄抬绿豆价格。❶ 在上述案例中，吉林某批发市场有限公司等召集企业就是绿豆经营中经济实力较强、具有较多话语权的企业法人。

二、从经济活动的环节审视

从经济活动的环节审视，投机炒作农产品违法行为的主体主要是流通环节的经营者。

农产品从地头到餐桌要经过生产环节、批发环节、零售环节。生产农产品的农民从事投机炒作农产品违法行为存在一定难度。首先，投机炒作农产品需要大量的资金，而农民自有的资金有限，许多农民从事农业生产经营活动尚需要从金融机构贷款，他们大多不具备投机

---

❶ 国家发展改革委价监局市场监管处："绿豆串通涨价案"，载《中国价格监督检查》2012 年第 8 期。

炒作的资金能力。其次，我国目前农业生产还属于以家庭为单位的分散经营模式，集约化程度较低，在没有值得信赖的组织者的情况下，分散的农民很难有协调一致的行动。再次，农民本身是特定农产品的生产者，他们可以根据自己对市场行情的判断对有权自主出售的农产品采取惜售的态度，待到农产品价格高涨的时候再出售。对于这样的待价而沽行为，很难认定其为违法行为。

从实践来看，从事投机炒作农产品违法行为的主体主要是流通环节的经营者。"从这次检查体会到，查处此类囤积居奇、哄抬价格的违法行为，关键是要抓住在行业内有影响力、可以左右市场供销的龙头企业。通过检查了解到，在这一轮大蒜、绿豆等农产品涨价中，真正从中获利的是一级批发商，只有一级批发商才具有资金、货源、仓储销售渠道等方面的优势，才能趁机大量囤积相关产品，左右市场，抬高价格，从而获取暴利。而二三级批发商及零售商受资金、仓储、信息等条件的局限，即使相关产品价格上涨，不敢也没有能力购进、储存大量商品，只能是高进高出，利润率不高。相反，当商品过快上涨到一定时候回落时，却会增加亏损的风险。例如，从调查和检查中发现，我省境内经营绿豆等农产品的一级批发市场（商）主要集中在广州、深圳、东莞三地，都不同程度地存在涉嫌囤积、哄抬农产品价格行为。"❶ 由广东省的执法检查情况可以得知，从事投机炒作农产品违法行为的主要是具有资金、货源、仓储和信息优势的批发企业，而且是在流通环节处于上游的大企业。处于农产品流通环节下游的零售经营者虽然也有参与投机炒作进而获利的动机，客观上也可能通过投机炒作农产品获取额外的收益，但是零售经营者毕竟在资金、货源、仓储和信息方面的能力有限，很难有效组织投机炒作农产品的行为。

---

❶ 陈波："快速查处农产品价格违法行为 切实维护市场价格秩序"，载《中国价格监督检查》2011年第1期。

三、从主体与农产品生产经营之间的关系判断

从主体与农产品生产经营之间的关系判断，投机炒作农产品的主体主要是农产品的经营者，也包括其他相关主体。

如上文所述，农产品的生产经营者包括直接从事农产品生产的农民家庭和经核准登记从事农产品生产的法人、非法人经济组织，还包括经核准登记从事农产品流通活动的个体工商户和法人、非法人组织，等等。除了农产品经营者之外，其他一些相关主体也可以成为投机炒作农产品违法行为的主体。

（一）未经核准登记从事农产品经营的主体

投机炒作农产品需要大量的资金，而资本也具有求利的本性。在海外热钱涌入国内、楼市投资受到限制、股票市场不景气的金融环境下，一些掌握大量资金的个人和组织把资金转而用于投机炒作农产品，以期获得丰厚回报。"从数量上看，至少有1万亿游资在我国对农产品实施'成本狙击'和'价格催涨'，以便从中浑水摸鱼、获取暴利。……这些炒家有着各种各样的来历，既有国内个人资本、国有资本，更有国际游资巨头如美国摩根大通公司、美国邦吉公司、法国路易·达孚公司、美国阿彻丹尼尔斯米德兰公司。"❶ 如果这些主体是以合法借贷者的身份提供资金给投机炒作农产品的其他主体，那么由于其没有参与投机炒作农产品行为，不能认定其为投机炒作农产品违法行为的主体。但是，如果这些掌握资金的主体与农产品经营者合谋，借助后者的资格从事投机炒作农产品的行为，那么即使其不具有从事农产品经营的资格，也可以认定其为投机炒作农产品违法行为的主体。否则，将使这些虽然不具有经营农产品的资格却获利较多的行为人逃脱法律的制裁，势必产生不公平的后果。

---

❶ 郑风田："别让农产品炒作成为常态"，载《环球时报》2010年4月21日。

（二）行业协会

行业协会是由从事同一行业经营的经营者组成，以协调同业经营者之间的关系，为同业经营者提供服务，维护同业经营者共同利益的非营利自律组织。根据国务院办公厅《关于加快推进行业协会商会改革和发展的若干意见》（国办发〔2007〕36号）的规定，行业协会的主要职能是：起桥梁和纽带作用，加强行业自律，切实服务企业，帮助企业开拓国际市场。

行业协会为了给会员获取更多利益，有可能牵头组织投机炒作农产品的行为，作出囤积农产品或者涨价的决议要求会员遵守，或者为会员的集体涨价行为提供服务。《中华人民共和国反垄断法》（以下简称《反垄断法》）第16条规定："行业协会不得组织本行业的经营者从事禁止的垄断行为。"国家发改委《反价格垄断规定》第9条规定，禁止行业协会从事下列行为：制定排除、限制价格竞争的规则、决定、通知等；组织经营者达成本规定所禁止的价格垄断协议；组织经营者达成或者实施价格垄断协议的其他行为。因此，虽然行业协会不是农产品的生产经营者，但是其基于特殊地位，是可以成为投机炒作农产品违法行为的主体的。

第二节　投机炒作农产品违法行为的主观心态

主观心态是违法行为人对其实施的行为所持的心理态度，对于法人和其他组织而言，其主观心态是指代表法人或者其他组织从事投机炒作行为的人的心理状态。主观心态反映了支配违法行为人外在行为的主观意识，是判断投机炒作农产品违法行为的重要标准之一。当然，主观心理状态属于非物质的范畴，违法行为人的主观心理状态往往要通过行为人表现于外的活动来判断。

从主观心态来看，投机炒作农产品违法行为人是故意实施违法行为且具有牟取不正当利益的目的。在现代汉语中，"投机"一词具有"抓住机会谋取私利"❶、"迎合时机，特指乘机以谋取私利"的含义。❷与"投机"结合使用的词组往往指称违法行为。例如，"投机取巧"是指"用不正当的手段谋取私利。也指靠小聪明占便宜"；"投机买卖"指"以欺诈的手段牟取暴利。如买空卖空、囤积居奇等"❸。

投机炒作农产品的违法行为人是为了获取不正当利益而有意从事投机炒作的行为。凯恩斯认为："根据长期预期而作投资，实在太难，几乎不可能。凡想如此从事者，较之仅想对群众行为比群众猜得略胜一筹者，其工作较重，其风险较大。"❹凯恩斯认为，从事投机行为是因为行为人希望快速致富，"人生有限，故人性喜欢有速效，对于即刻致富之道最感兴趣，而于遥远未来能够得到的好处，普通人都要大打折扣"❺。因此，投机炒作者的逐利本性是其从事投机炒作行为的源动力。

第三节 投机炒作农产品违法行为的客观表现

投机炒作农产品违法行为人在主观心理状态的支配下从事投机炒作农产品的活动。投机炒作农产品的客观表现可以从投机炒作行为和投机炒作的对象两个方面来界定。

---

❶ 《现代汉语词典》，商务印书馆 1996 年修订第 3 版，第 1272 页。

❷ "在线辞海"，载 http://tool. xdf. cn/ch/result_ touji4. html，2013 年 4 月 5 日访问。

❸ "在线辞海"，载 http://tool. xdf. cn/ch/result_ touji4. html，2013 年 4 月 5 日访问。

❹ ［英］凯恩斯著：《就业、利息和货币通论》，徐毓枬译，商务印书馆 1983 年版，第 134 页。

❺ ［英］凯恩斯著：《就业、利息和货币通论》，徐毓枬译，商务印书馆 1983 年版，第 134 页。

一、投机炒作行为

（一）"投机"与"炒作"的语义分析

从汉语中"投机"一词的语义来看，其最初的语义是利用时机。《辞源》对投机的解释是"迎合时机。新唐书八九张公瑾传赞：'投机之会，间不容穟。'资治通鉴九十晋太兴元年'侥幸投射者得官'注：'投射，谓投机而射利也。'"❶。商务印书馆版《汉语大词典》对投机一词的解释是"利用时机"❷。也有词典将"投机"一词进一步解释为利用机会牟利。例如，《汉语大词典》将投机解释为"乘机牟利。清徐大椿《洄溪道情·行医叹》：'要入世投机，只打听近日时医，惯用的是何方何味，试一试偶然得效，倒觉得稀奇。'"❸；《新华汉语词典》对投机的释义为"抓住机会谋取利益、名位"❹。

经济学界将"投机"解释为一种交易行为。戴维·皮尔斯主编的《现代经济学辞典》中投机的含义是："一种购买或销售行动，其目的是在价格或汇率改变时再卖出或买进，并因此赚得一笔利润。投机者不像套期保值者，他们是风险爱好者，并保持开放的态势。套期保值者通过将一项资产与一项负债相匹配而保持一种已定的态势，投机者却将只持有资产或负债，希望在合同到期时事件将朝他有利的方向改变。"❺《投机经济学》一书将金融市场的投机定义为："投机是一种试图通过交易对象短期价格的波动，谋取买卖差价中高风险收益的经济行为。"❻《证券分析》一书认为："投资行为通过透彻的分析，保障本

---

❶ 《辞源》，商务印书馆 1980 年版，第 1222 页。

❷ 《汉语大词典》，商务印书馆国际有限公司 2003 年版，第 1098 页。

❸ 《汉语大词典》（第六卷·上册），上海辞书出版社 1990 年版，第 407 页。

❹ 任超奇主编：《新华汉语词典》，湖北长江出版集团、崇文书局 2006 年版，第 886 页。

❺ ［英］戴维·皮尔斯主编：《现代经济学辞典》，毕吉耀、谷爱俊译，北京航空航天大学出版社 1992 年版，第 518 页。

❻ 黄长征著：《投机经济学》，中国社会科学出版社 2003 年版，第 4 页。

金安全并获得令人满意的回报率。凡是不符合上述要求的操作即属投机行为。"❶ "有时我们可以比较偏激地说，投资是成功的投机，投机是失败的投资。"❷

在现代汉语中，"投机"一词带有贬义色彩，例如，《现代汉语词典》中投机是"抓住机会谋取私利"❸。根据《辞海》的释义，"投机"是指"迎合时机，特指乘机以谋取私利"；"投机取巧"是指"用不正当的手段谋取私利。也指靠小聪明占便宜"；"投机买卖"指"以欺诈的手段牟取暴利。如买空卖空、囤积居奇等"❹。

各类辞书对"炒作"一词的解释较少，《辞海》将"炒作"定义为"为扩大人或事物的影响而通过媒体做反复的宣传❺"。

虽然"投机"和"炒作"各自具有不同的含义，但是"投机"与"炒作"结合在一起使用则成为指称某类农产品价格违法行为的名词。

（二）违法犯罪意义上的投机

"投机"一词还具有违法犯罪的意义。下文分析一些与本书中的投机炒作行为具有相似性的投机行为。

1949 年 4 月 13 日，华北人民政府工商部提出："凡在国家的政策法令之下，从事调剂工农产品，促进城乡物资交流的经营者，都叫正当商人。反之，为谋取高利，而囤积居奇，玩弄价格，波动物价，捣乱市场，破坏国家的政策与法令的，就是投机商人。"❻ 上述投机商人

---

❶ ［美］本杰明·格雷厄姆、戴维·多德著：《证券分析》，徐彬等译，中国人民大学出版社 2009 年版，第 84~85 页。

❷ ［美］本杰明·格雷厄姆、戴维·多德著：《证券分析》，徐彬等译，中国人民大学出版社 2009 年版，第 82 页。

❸ 《现代汉语词典》，商务印书馆 1996 年修订第 3 版，第 1272 页。

❹ "在线辞海"，载 http://tool.xdf.cn/ch/result_touji4.html，2013 年 4 月 5 日访问。

❺ "在线辞海"，载 http://tool.xdf.cn/ch/search_炒作_1.html，2013 年 4 月 5 日访问。

❻ "正当商人与投机商人怎样区别"，载《人民日报》1949 年 4 月 13 日。转引自张学兵："当代中国史上'投机倒把罪'的兴废——以经济体制的变迁为视角"，载《中共党史研究》2011 年第 5 期。

从事的囤积居奇、玩弄价格、波动物价行为属于投机行为。

1950 年 11 月 14 日，中央人民政府贸易部发布了《关于取缔投机商业的几项指示》，指出投机商业包括：（1）超出人民政府批准之业务经营范围，从事其他物资之经营者；（2）不在各该当地人民政府规定之交易市场内交易者；（3）囤积、拒售有关人民生产或生活必需物资；（4）买空卖空、投机倒把企图暴利者；（5）故意抬高价格抢购物资或出售物资及散布谣言，刺激人心，致引起物价波动者；（6）不遵守各该当地人民政府所规定的商业行政管理办法，扰乱市场者；（7）使用假冒伪造，使潮掺杂或违反商品规格及使用其他一切欺骗行为，以谋取非法利润者；（8）一切从事投机活动者。[1] 其中的囤积、拒售有关人民生产或生活必需物资；买空卖空、投机倒把企图暴利者；故意抬高价格抢购物资或出售物资及散布谣言，刺激人心，致引起物价波动，与本书中的投机炒作农产品违法行为的具体表现相符。

从新中国成立直至 1979 年，我国在许多文件中都规定了禁止投机倒把行为。例如 1963 年 3 月 3 日中共中央、国务院《关于严格管理大中城市集市贸易和坚决打击投机倒把的指示》[2]，1968 年 1 月 18 日中共中央、国务院、中央军委、中央文革小组《关于进一步打击反革命经济主义和投机倒把活动的通知》。[3] 1979 年 7 月 1 日通过的《中华人民共和国刑法》（以下简称《刑法》）规定了投机倒把罪，该罪是指"以获取非法利益为目的，违反金融、外汇、金银、工商管理法规，非法从事贩卖活动，扰乱市场，破坏社会主义经济秩序，情节严重的行为"[4]。

---

[1] 中共中央文献研究室：《建国以来重要文献选编》（第 1 册），中央文献出版社 1992 年版，第 466~467 页。

[2] 中共中央文献研究室：《建国以来重要文献选编》（第 16 册），中央文献出版社 1992 年版，第 196 页。

[3] 中共中央文献研究室：《建国以来重要文献选编》（第 18 册），中央文献出版社 1992 年版，第 412 页。

[4] 乔伟主编：《新编法学词典》，山东人民出版社 1985 年版，第 448 页。

例如倒卖金银、珠宝和国家专营专卖物资，囤积居奇、哄抬物价，买空卖空、转手渔利，等等。❶虽然该罪名已经被取消，但其中的囤积居奇、哄抬物价与本书中的投机炒作农产品违法行为的客观表现具有一致性。

1987年9月17日国务院发布的《投机倒把行政处罚暂行条例》规定了11项投机倒把行为：（1）倒卖国家禁止或者限制自由买卖的物资、物品的；（2）从零售商店或者其他渠道套购紧俏商品，就地加价倒卖的；（3）倒卖国家计划供应物资票证，倒卖发票、批件、许可证、执照、提货凭证、有价证券的；（4）倒卖文物、金银（包括金银制品）、外汇的；（5）倒卖经济合同，利用经济合同或者其他手段骗买骗卖的；（6）制造、推销冒牌商品、假商品、劣质商品，坑害消费者，或者掺杂使假、偷工减料情节严重的；（7）制造、销售、传播非法出版物（包括录音录像制品），获得非法利润的；（8）为投机倒把活动提供货源、支票、现金、银行账户以及其他方便条件，或者代出证明、发票，代订合同的；（9）利用报销凭证弄虚作假，进行不正当经营的；（10）垄断货源、欺行霸市、哄抬物价、扰乱市场的；（11）其他扰乱社会主义经济秩序的投机倒把行为。❷《投机倒把行政处罚暂行条例》于2008年1月被国务院废止，但是其规定的垄断货源、哄抬物价行为与本书中的投机炒作农产品违法行为的客观表现相符。

（三）投机炒作农产品

2010年5月26日召开的国务院常务会议提出，要严厉打击囤积居奇、哄抬农产品价格等违法行为。会议指出："近一个时期，少数不法经营者利用个别农产品产地集中、季节性强、总量减少、易保存等特点，捏造散布涨价信息、囤积居奇、哄抬价格，导致局部市场供求失

---

❶ 乔伟主编：《新编法学词典》，山东人民出版社1985年版，第449页。
❷ 刘隆亨主编：《现代经济法辞典》，北京大学出版社1992年版，第345页。

衡，价格异常波动，严重扰乱了市场秩序，损害了农产品生产者、消费者和其他经营者的合法权益。"❶ 为此，"要严厉打击炒作农产品等违法违规行为"❷。

国家发改委等三部门于 2010 年 5 月 27 日联合下发通知："我国农业生产连续几年丰收，粮、油、肉、糖等重要农产品生产稳步增加，库存充裕，市场供求总体平衡，价格基本稳定。但近一个时期，部分地方少数经营者利用一些地区发生自然灾害、少数农产品生产和价格出现波动之机，捏造散布涨价信息、囤积居奇、哄抬价格、牟取暴利。"❸ 一些媒体将上述行为概括为"投机炒作"或者"恶意炒作"并以之为题加以报道。例如，2010 年 5 月 26 日，《人民日报（海外版）》作了题为《政府将重拳打击农产品炒作：组织专项行动加强监管 不给投机炒作行为留下可乘之机》的报道；2010 年 5 月 28 日，《上海证券报》作了题为《三部门重拳出击 制止游资投机炒作农产品》的报道；《黑龙江粮食》在 2010 年第 3 期作了题为《三部委联合发文严打农产品价格炒作行为》的报道。

根据上述会议精神和媒体报道，将"投机"与"炒作"结合在一起的"投机炒作农产品违法行为"是对我国近年来人为造成农产品价格暴涨行为的概括。

投机炒作农产品违法行为表现为：恶意囤积农产品造成市场上的农产品数量减少，通过媒体等途径大肆散布涨价信息造成农产品价格暴涨，在价格达到预期高点时迅速抛售获利。为了达到最佳的投机炒

---

❶ "温家宝主持召开国务院常务会议部署加强地方政府融资平台公司管理和严厉打击囤积居奇哄抬农产品价格等违法行为"，载 http：//news. xinhuanet. com/politics/2010－05/27/c_12149650. htm，2013 年 7 月 2 日访问。

❷ "温家宝主持召开国务院常务会议部署加强地方政府融资平台公司管理和严厉打击囤积居奇哄抬农产品价格等违法行为"，载 http：//news. xinhuanet. com/politics/2010－05/27/c_12149650. htm，2013 年 7 月 2 日访问。

❸ 李雁争："三部门重拳出击 制止游资投机炒作农产品"，载《上海证券报》2010 年 5 月 28 日，第 F03 版。

作效果，参与投机炒作的经营者会采取一致行动限制销售数量和共同推高农产品价格。例如，2010年以来，我国粳米、玉米等粮食品种、大蒜、蔬菜、绿豆等农副产品，以及三七等中药材价格大幅上涨，就是少数经营者恶意囤积，利用西南地区旱情及中东部地区持续低温等不利天气影响捏造散布不实信息，哄抬价格造成的。因此，典型的投机炒作农产品违法行为往往包括恶意囤积农产品、捏造散布不实信息哄抬价格以及经营者采取一致行动等具体表现。这三种行为属于投机炒作农产品违法行为的具体表现形式，它们一般结合在一起以实现农产品经营者牟取暴利的目的。

二、投机炒作的对象

投机炒作的对象是违法行为人的投机炒作行为所指向的农产品。

（一）农产品的范围

根据财政部、国家税务总局发布的《农业产品征税范围注释》，农产品是指种植业、养殖业、林业、牧业、水产业生产的各种植物、动物的初级产品。农产品的范围包括以下内容。❶

植物类：包括人工种植和天然生长的各种植物的初级产品。其具体范围为：（1）粮食；（2）蔬菜；（3）烟叶；（4）茶叶；（5）园艺植物；（6）药用植物；（7）油料植物；（8）纤维植物；（9）糖料植物；（10）林业产品；（11）其他植物。

动物类：包括人工养殖和天然生长的各种动物的初级产品。其具体范围为：（1）水产品；（2）畜牧产品；（3）动物皮张；（4）动物毛绒；（5）其他动物组织。

上述农产品是纳入征税范围的农产品，除了植物和动物及其初级

---

❶ 财政部、国家税务总局："农业产品征税范围注释"，载 http://www.chinaacc.com/new/63/67/84/2006/1/ti048159544510216002178l8－0.htm，2013年5月3日访问。

产品外，微生物及其初级产品也属于农产品的范畴。根据《中华人民共和国农产品质量安全法》第 2 条，"农产品是指来源于农业的初级产品，即在农业活动中获得的植物、动物、微生物及其产品"，即农产品包括动物、植物、微生物产品及其直接加工品。

当然，并不是所有的农产品都能够成为违法行为人投机炒作的对象，仅仅其中一小部分农产品适于被投机炒作。

(二) 被投机炒作的农产品

根据近几年投机炒作的案例分析，容易被投机炒作的主要是供给和需求数量相对固定、产地相对集中、生产周期长、易储藏的小宗农产品。

1. 容易被投机炒作的是主粮之外的小宗农产品

近几年来，被投机炒作的农产品一般都是杂粮、调料等农产品，如绿豆、大蒜、生姜、食糖等。"那些有缺口的小盘农产品，也许就是下一个被炒作的对象。类似大蒜的农产品有：花椒、桂皮、孜然、茴香、莲子、百合、野生菌、红豆、黑豆等特色原产地产品，以及特种养殖的水产品、畜牧产品、中药材等。"❶ 投机炒作农产品的违法行为人之所以不选择水稻、小麦、大豆等主要农产品进行投机炒作，其主要原因如下。

首先，中国的水稻、小麦等主要农产品的产量和市场需求量都十分庞大。以水稻为例："2012 年中国 11 月水稻期初库存 44.95 百万吨，产量 143 百万吨，进口 1.5 百万吨，用量 143.5 百万吨，出口 0.5 百万吨，期末库存 45.45 百万吨；12 月水稻期初库存 44.95 百万吨，产量 143 百万吨，进口 2.4 百万吨，用量 144 百万吨，出口 0.5 百万吨，期末库存 45.85 百万吨；2013 年 1 月水稻期初库存 45.02 百万吨，产量

---

❶ "农产品炒作：'豆你玩'到'蒜你狠'，再到'姜你军'……"，载《数据中国》2010 年第 42 期。

143 百万吨，进口 2.4 百万吨，用量 144 百万吨，出口 0.5 百万吨，期末库存 45.92 百万吨。"❶ 作为主粮的水稻出产量巨大，投机炒作行为人是无法筹集到足以控制市场的资金进行炒作的。其次，水稻、小麦等主要农产品事关国计民生，国家建立了储备制度。一旦纳入国家储备范围的重要农产品价格出现波动，国家可以通过投放储备农产品的方式平抑价格。投机炒作者即使有资金进行炒作，也会冒极大的风险。因此，主要农产品不会成为投机炒作者选择的对象。这也就难怪，"除了姜、蒜，近来农产品市场上还有绿豆、红豆、薏仁甚至一些蔬菜似乎都出现了炒家的身影"❷。

2. 被投机炒作的农产品需求数量相对固定且无法替代

为了从投机炒作农产品行为中获利，投机炒作的行为人必须在炒高价格之后出售所掌握的农产品，在农产品价格处于高位时迅速退出市场，否则就可能被套牢，在农产品价格暴跌之后收益减少，甚至亏本。因此，投机炒作者需要选择需求数量相对固定且无法替代的农产品来炒作。农产品的需求数量固定且无法替代，即使价格被炒得再高，消费者也要购买，投机炒作者才能通过出售农产品赚取差价。以三七为例，"据不完全统计，国内就有 1300 多家企业以三七为原料生产 400多种三七产品，如血塞通等药品主要成分就是三七"❸。这种市场需求量较大的农产品即使价格再高，也会有企业购买用作加工原料。"投机性买卖不是为了获取普通商业性购销的低风险平均利润，而是追逐一种高风险的超额利润，因此，投机的对象应当具有较好的流动性，能够在短期内转手或者变现。"❹ 如果某种农产品的需求数量存在弹性或

---

❶ "2012—2013 年全球和中国水稻产量及进出口情况分析预测"，载 http://www.china-consulting.cn/data/20130205/d8219.html，2013 年 6 月 5 日访问。

❷ 吴丽华："农产品炒作路径复制"，载《华夏时报》2010 年 8 月 14 日，第 005 版。

❸ 林进宁："解析囤积炒作小宗农产品对市场影响及预防对策"，载《价格理论与实践》2011 年第 4 期。

❹ 黄长征著：《投机经济学》，中国社会科学出版社 2003 年版，第 3 页。

者可以替代，需要这种农产品的主体就有可能暂停消费或者转而购买替代产品。这样，被炒作的农产品价格会急剧下降，投机炒作者很难售出囤货，要承担巨大的亏损风险。因此，这些农产品不是投机炒作者理想的选择。

3. 被投机炒作的农产品产量相对固定、产地相对集中

违法行为人选择进行投机炒作的农产品产量一般较小，供给的数量相对固定。产量较小的农产品适于投机炒作者用较小数量资金加以收购并囤积。根据价值规律，在需求数量不变的前提下，投放到市场的农产品数量减少，则价格会由于供不应求而上升，这就为投机炒作者在价格达到高位时抛售农产品赚取高额利润创造了条件。

违法行为人选择进行投机炒作的农产品产地相对集中。产地相对集中为投机炒作者在产地大量收购并囤积该农产品提供了方便条件，投机炒作者只要控制产地的收购渠道就可以达到囤积农产品的目的。同时，在集中的地域实施投机炒作行为还可以免去多地联合行动的麻烦，节省投机炒作的费用。"资料显示，目前我国大蒜种植面积达70万公顷左右，占全球大蒜种植面积的60%以上。主产区为山东、江苏、河南三省，种植面积占全国总面积一半以上。山东济宁市金乡县是大蒜生产加工和出口的重要基地，素有'中国大蒜之乡'、'世界大蒜看中国，中国大蒜看山东，山东大蒜看金乡'之称。绿豆的主产区主要集中于东北地区和内蒙古，其中，东北地区年产量占全国总产量的60%以上，吉林洮南是'中国绿豆之乡'，产量占到东北地区绿豆总产量的70%以上。正是由于大蒜、绿豆等农产品产地集中、产量少，即使按照高位价格，只需要几亿元资金就可完成大量囤积，可以影响甚至左右全国市场价格，形成事实上的垄断。"❶ 再如用作制药原料的三七，"生产周期从下种到采收为3年，并且全国产量97%集中在云南文

---

❶ 周婷、卢铮："农产品炒作惊现'金融手法'监控资金异动遏游资"，载《中国证券报》2010年6月18日，第A03版。

山，近两年每年的产量只有 5000 吨左右，每年的供给很有限，短期内供给是相对无弹性的，容易被投机炒作者选作囤积炒作对象并推高价格顺利出货"❶。

4. 被投机炒作的农产品生产周期长、易储藏

被违法行为人选择作为投机炒作对象的农产品，如绿豆、大蒜等的生产周期长，即使是农产品的价格已经达到很高的水平，农产品的生产者也无法向市场补充供给农产品。投机炒作者所囤积的农产品在下一个收获期到来前可以被售出获取暴利。"据了解，在山东这个姜蒜大省，打着滚儿涨价的还有生姜，苏老板告诉记者，现在他手上已经没有姜了，而今年的新姜上市还要等到农历九月，在库存不多的情况下，姜价疯狂上涨。据监测，近期，莱芜市生姜价平均每公斤 8.2 元，每公斤比 7 月中旬涨 1.6 元左右。"❷

同时，被投机炒作的农产品还具有易储藏的特点，这为投机炒作者囤积居奇提供了便利条件。鲜活、易腐烂农产品由于储藏成本高而很难被投机炒作者选中进行炒作。

第四节　投机炒作农产品违法
行为的社会危害性

违法行为是法律所禁止的具有社会危害性的行为。投机炒作农产品违法行为侵害的是公平自由的市场秩序。公平和自由是并行不悖、密切联系的。"一方面，公平的获得是以自由为前提和基础的，公平既是对自由的控制，也是对自由的保护；另一方面，公平是对自由的升

---

❶ 林进宁："解析囤积炒作小宗农产品对市场影响及预防对策"，载《价格理论与实践》2011 年第 4 期。

❷ 吴丽华："农产品炒作路径复制"，载《华夏时报》2010 年 8 月 14 日，第 005 版。

华,是更大范围的自由。"❶

一、投机炒作农产品违法行为扰乱农产品市场竞争秩序

竞争是市场经济的本质特征,没有竞争就没有市场经济。公平自由的竞争可以实现资源的优化配置,实现市场主体的优胜劣汰,促使经营者不断提高生产能力和经营管理水平,最终促使市场经济整体得以发展。因此,公平自由的竞争秩序是市场经济的核心。"价格竞争是经济市场化的过程,也是调节市场经济正常运行发展的过程,价格竞争在市场经济中发挥着其他市场行为不可替代的重要作用。"❷ 通过公平自由竞争机制形成的市场价格可以实现供需平衡、收入均衡。在市场经济中,市场经济体制赋予市场主体充分的经营自由,调动了其生产经营的积极性。"公平竞争是市场竞争的根本原则,……一方面,它要求竞争主体在市场上从事竞争活动时不得损害国家利益和社会公共利益,不得违反国家法律和经济政策;另一方面,它也要求竞争主体兼顾其他竞争主体的合法权益,不得以不正当的或欺骗性的方法进行竞争。"❸ 但在经济利益的驱动下,个别市场主体可能会通过不正当竞争行为来获取利益。投机炒作农产品违法行为人为地改变了农产品价格的形成机制,侵害了公平自由的竞争秩序。

二、投机炒作农产品违法行为扰乱农产品生产供应秩序

在公平自由的市场条件下,某种产品的有效供给量和有效需求量是均衡的,该种产品的价格也是相对固定的。被投机炒作者选中作为投机炒作对象的农产品在一个生产周期内的产量和市场的需求量也是

---

❶ 刘大洪著:《法经济学视野中的经济法研究》(第 2 版),中国法制出版社 2008 年版,第 303 页。

❷ 王冰著:《市场经济原理》,研究出版社 2011 年版,第 79 页。

❸ 丁邦开等著:《竞争法律制度》,东南大学出版社 2003 年版,第 32 ~ 33 页。

相对固定的。如果这种相对均衡的供给量和需求量在外力的介入下被打破，价格就会出现波动。投机炒作者囤积某种农产品的行为会使投入市场中的该种农产品数量减少，市场中的有效供给量不足，形成供不应求的局面。再加之投机炒作者的串通和哄抬等行为的推动，该种农产品的市场价格会不断上升。"来自金乡的客商在收购大蒜时总是主动抬高价格，当地还是 3.1 元/斤时，客商却出价 3.3 元/斤，价格涨上来之后，客商却再次提价，就这样，蒜农的预期被不断提高，最后一个收购季节，蒜价从 3 元涨到了 5 元。这种类似的情形在山东安丘每天都在上演，不过这次炒作商品换成了姜，而客商则换成了莱芜人。炒作手法则是惊人的一致，当姜农要价 3.8 元/斤时，他们竟然给出 4元/斤的价格收购，当姜农要价 4 元/斤时，他们出价 4.3 元/斤，短时间内姜价被快速拉高。"❶ 这种虚假的产量不足、价格攀升的市场信号传递给农产品的生产者后，农产品生产者会产生错误的判断。我国的农业生产主要是以家庭为单位的小规模经营，分散的农产品经营者对市场信息的判断很容易基于表面现象，在农产品售出后看到农产品价格一路攀升时，往往跟风而上，在下一个生产周期盲目地扩大产量。但是，投机炒作者不会每年都炒作同一种农产品，在下一个生产周期该种农产品的有效供给可能远远高于有效需求，生产该种农产品的生产者不但无法获得预期的高额收益，而且会由于该种农产品的收购价低于正常年份而遭受巨大损失，甚至无法收回生产成本。"在大蒜价格飙升至历史高点后，蒜农的收益并没有想象中那么丰厚。中国大蒜网市场部经理王浩向记者勾勒了一家典型农户的成本收益构成图：在大蒜主产区山东、河南，一般一家人有三四亩地，大蒜的成本算上蒜种、化肥、人工费，每亩大致在 1700 元到 2200 元之间，而亩产大致在2200 斤左右，鲜蒜直径 4.5 ~ 5 厘米的，一斤在 1.3 元到 1.5 元，这是

---

❶ 吴丽华："农产品炒作路径复制"，载《华夏时报》2010 年 8 月 14 日，第 005 版。

国内市场消费的主力。按照王浩提供的数据，按每斤大蒜1.5元收购价计算，这家蒜农一年的总收入最多为1.32万元，成本按每亩1700元计算，总成本约6800元，该户蒜农的净收入为6400元。中国蔬菜流通协会副秘书长陈明均说，外出打工挣个万儿八千的并不困难，还不用像种大蒜那么累。"❶

此外，对小宗农产品的炒作也可能影响大宗农产品的价格。中国社会科学院农村发展研究所研究员李国祥认为："从短期来看，炒作会影响人们对农产品价格的预期；从长期来看，不管是小品种还是大宗农产品，都需要利用土地资源，小品种的价格上涨，会导致其种植面值增加，从而造成其他农产品的资源配置不足，最终影响下一轮生产周期的农产品价格。"❷

三、投机炒作农产品违法行为扰乱下游生产经营秩序

投机炒作者的行为会造成市场中该种农产品的有效供给量减少，造成供不应求的后果，甚至引发跟风炒作。这样，市场中该种农产品的数量会一直减少，而价格则会持续高启。对于以该种农产品为原材料生产产品的下游生产者而言，该农产品数量的减少会影响产品的原料供应，导致产品的产量下降。即使下游生产者能够获得充足的该种农产品作为原料，价格的上涨也会增加这些经营者的生产成本，导致产品价格上升，进而影响销售。销售量的大幅下降必然影响下游生产者的收入，导致经营困难而不得不停止生产、转产甚至破产。

四、投机炒作农产品违法行为扰乱消费秩序

在投机炒作违法行为人囤积、串通涨价、哄抬价格等行为的作用

---

❶ 胡军华、黄世瑾："农民无缘分羹农产品涨价 价值低估引来游资炒作"，载《第一财经日报》2010年6月1日，第B03版。

❷ 严行方著：《农产品疯了？》，北京出版集团公司、北京出版社2011年版，第108页。

下，被炒作的农产品价格会持续上涨。路德维希·艾哈德指出："竞争是保证繁荣最有效的手段。消费者只有在自由的竞争环境中方能享有不断发展的经济所带来的实惠。加之有效的竞争秩序能够保障伴随着生产力的提高而给日常生活带来的种种利益，终归人们享受。"❶

前已述及，被投机炒作的农产品，如绿豆、大蒜、生姜等具有不可替代性，消费者不会选择其他农产品而放弃消费这种被投机炒作的农产品。因此，持续上涨的农产品最终要由消费者来买单，这无疑会损害消费者权益。以 2010 年的数据为例，"4 月，我国居民消费价格（CPI）同比上涨 2.8%。根据国家统计局发布的消息，我国 7 月 CPI同比上涨 3.3%，创下了 21 个月以来的新高，而其中食品价格同比上涨 6.8%。8 月 CPI 同比上涨 3.5%，再创 22 个月以来的新高。显然，农副产品及粮食价格的大幅上涨无疑促使消费价格提升，而物价上涨的事实对安定民心产生了一定的负面作用"❷。

对特定的消费者而言，这些被投机炒作的农产品的消费量也是大致固定的。在某种农产品价格不断上涨的情况下，消费者会形成追涨的消费心理。一些消费者为了避免将来支付更多的金钱来购买价格更高的农产品，也会购买一定数量的农产品加以储存。由此，市场上的该种农产品数量会更少，在涨价预期的驱使下会有更多的消费者抢购这种农产品。这样循环往复，农产品的价格还会被持续推高，直至市场崩盘、价格暴跌为止。

五、投机炒作农产品违法行为扰乱同业经营秩序

从事投机炒作农产品违法行为的主要是具有资金、货源、仓储和

---

❶ ［德］路德维希·艾哈德著：《来自竞争的繁荣》，祝世康、穆家骥译，商务印书馆1983 年版，第 11 页。
❷ 李张文婷："浅论我国部分农产品价格不正常波动成因及解决办法"，载《经济视角》2010 年第 11 期。

信息优势的大批发商，下游的批发商和零售商也要被逐级加价获得该种农产品。在被炒作的农产品价格涨到大批发商的获利预期时，大批发商会快速抛售该农产品，迅速回笼资金。在大批发商抛售后，市场上的农产品数量大增，价格则会相应下降，直至价格暴跌。那些没来得及售出货物的批发商和零售商会大量积压该农产品，最后不得不降价，甚至低于进货价格销售该农产品。中国农科院农业经济与发展研究所所长秦富说："前期进入市场并有一定操控能力的人，把农产品价格迅速抬高，然后大量抛售后'获利出逃'，后来跟随进入市场的人赶上价格大跌，就会像炒股一样被'套住'，最终可能赔得血本无归。"❶国内外都曾经发生过投机炒作农产品事件。17 世纪荷兰的炒作郁金香是国外投机炒作农产品的典型事件。当时，在投机者的炒作下，公众疯狂抢购郁金香，1637 年一年其价格累计上涨 5900%。随后，郁金香炒作崩盘，在恐慌性抛售下千万人破产。❷

六、投机炒作农产品违法行为扰乱金融市场秩序

投机炒作农产品的违法行为人中的一部分人是用自有资金炒作农产品的。投机炒作农产品具有"一夜暴富"的影响力。"网上流传着上海一个高级白领投资 300 万元炒姜的故事，年初投资 300 万元买的姜已经从每公斤 4 元涨到了每公斤 9 元，而这些'盈利'都将依靠一纸买卖合同和一个炒家的圈子来实现，他只要投入资金，就可以坐收一倍以上的炒作利润。"❸ 在这种巨额收益的吸引下，越来越多的资本投入到投机炒作农产品中来，使得实体经济投资资金遭到挤压，影响金

---

❶ 项开来、白田田："投资投机成农产品价格一大推手"，载《经济参考报》2012 年 3 月 3 日，第 003 版。

❷ 李炎："中国版'郁金香事件'：小宗农产品炒作揭秘"，载《21 世纪经济报道》2010 年 6 月 14 日，第 011 版。

❸ 吴丽华："农产品炒作路径复制"，载《华夏时报》2010 年 8 月 14 日，第 005 版。

融市场发展。另外，还有一部分资金不足的人则通过挪用信贷资金进行炒作，这会影响信贷资金效用的发挥。中国银监会曾发出紧急通知，"要求商业银行把支持农产品生产、加工和流通作为当前信贷服务工作重点，按照市场化原则及时足额对农产品生产、加工和流通各环节提供资金支持。同时，严肃查处信贷资金挪用于农产品炒作、囤积居奇、哄抬物价等违规行为"❶。可见，投机炒作农产品违法行为使得作为商品的农产品在一定程度上具有了资本的特征，对金融市场秩序造成了冲击。

---

❶ 田丽："严查信贷资金挪用于农产品炒作"，载《人民日报（海外版）》2010 年 11 月 24 日，第 005 版。

第三章　投机炒作农产品违法
行为的具体表现

　　完整的投机炒作农产品违法行为又具体表现为若干环节：恶意囤积农产品造成市场上的农产品数量减少，通过媒体等途径大肆散布涨价信息造成农产品价格暴涨，在价格达到预期高点时迅速抛售获利。为了达到最佳的投机炒作效果，参与投机炒作的经营者会采取一致行动限制销售数量和共同推高农产品价格。典型的投机炒作农产品违法行为往往包括恶意囤积农产品、捏造散布不实信息哄抬价格以及经营者采取一致行动等。本章在前文的基础上进一步分析投机炒作农产品违法行为的具体表现。

第一节　恶意囤积农产品

　　下文将从恶意囤积农产品的一般问题、对恶意囤积农产品的认定和恶意囤积农产品的法律适用方面展开论述。

一、恶意囤积农产品概述

　　所谓恶意囤积，是指商人以牟取暴利为目的，囤积大量商品，故意扩大供求矛盾，等待高价出卖的行为。恶意囤积是通过故意扩大供求矛盾，制造价格波动，以便从中获利。"囤积居奇"古已有之，商人将某种产品在低价位时购进存储，在价格上涨时高价卖出，这是赚取大量利润的有效方法。

"价格是对象化在商品内的劳动的货币名称"❶，价格是商品价值的货币表现。根据马克思主义政治经济学原理，价值规律是商品经济的基本规律。价值规律的内容为：社会必要劳动时间决定商品的价值量，价值量是商品交换的基础。价格围绕价值上下波动是价值规律的表现形式。价格与供求相互影响、相互制约，供求关系直接决定某种商品的市场价格。"在供求基本平衡的条件下，商品的价格与其市场价值一致；在供不应求的条件下，商品的价格就要上升，高于市场价值；在供大于求的条件下，商品的价格就要下降，低于市场价值。"❷ 囤积恰恰是减少了某种商品的市场供应量，人为地改变了某种商品的供求关系，造成供不应求的局面。根据价值规律，在供不应求的情况下，该商品的价格会上涨，即所谓的"物以稀为贵"。在价格上涨后，囤积商品的行为人通过抛售商品可以获取高额利润。"商品炒作需要囤积居奇，囤积居奇又必然会助长价格上涨。……游资炒家囤积居奇后先联手做市，然后再做一个华丽转身，少数能够操纵农产品价格的商家就赚了个盆满钵满。"❸

投机炒作农产品最关键的手段就是恶意囤积。投机炒作者通过大量收购、囤积大蒜、生姜、绿豆等小宗农产品造成市场上农产品的供应量不足，从而引发该农产品的价格大涨，然后通过抛售获取暴利。国家发改委、商务部、国家工商总局通报了囤积哄抬农产品价格违法案件查处情况："经查，2009 年 6 月以来，山东某经销商伙同他人，收储大蒜三千多吨，其个人存储的部分至 2010 年 5 月 20 日左右有关部门

---

❶ ［德］马克思：《资本论》（第 1 卷），人民出版社 2004 年版，第 122 页。

❷ 王德章主编：《价格学》，中国人民大学出版社 2006 年版，第 24 页。

❸ 严行方著：《农产品疯了？》，北京出版集团公司、北京出版社 2011 年版，第 103 页。

介入调查后才集中出售。"❶

二、对恶意囤积农产品的认定

在市场经济条件下，经营者购进并储存商品是常见的经营活动。经营者购进并储存商品，在价格上涨时出售牟利，这种行为是否违法也存在争议。"市场经济条件下，从事商业经营的人将认为有可能紧俏因而可能涨价的商品购进，或立即转手牟利，或储存下来待价而沽，都是非常常见的。那么商人购进多少商品、存放多长时间、赚取多少利润，就可以认定是囤积居奇，需要被严打、被罚款、被没收进而被吊销执照，也是非常难以认定的。……在目前的中国，因为关系国计民生的商品都是国家垄断或价格管制的，商人们能够囤积居奇的也不过是大蒜之类的小商品，而这个领域又是竞争性的。因此，让竞争性的市场去调节大蒜绿豆，大概已经足够。"❷ 然而对于市场供应紧张、价格发生异常波动的商品，如果经营者多进少售、只进不售或者囤积拒售，就会进一步减少市场供给，推高价格，扰乱经济秩序。因此，这样的恶意囤积行为应当被禁止。《价格违法行为行政处罚规定》第6条第1款第（2）项规定，"除生产自用外，超出正常的存储数量或者存储周期，大量囤积市场供应紧张、价格发生异常波动的商品，经价格主管部门告诫仍继续囤积的"，属于应受行政处罚的价格违法行为。国家发改委曾发出通知，要求严厉打击大量囤积供应紧张的商品拒不销售的行为。❸

下文结合我国法律规定，就恶意囤积农产品的认定加以分析。

---

❶ "国家发展改革委、商务部、国家工商总局通报囤积哄抬农产品价格违法案件查处情况并答记者问"，载《中国价格监督检查》2010年第7期。

❷ 梁发芾："'囤积居奇'的标准如何认定"，载《中国经营报》2010年6月21日，第A11版。

❸ 钟晶晶："发改委称游资炒作是农产品价格上涨的直接推手"，载 http://news.qq.com/a/20101125/000125.htm，2013年3月12日访问。

（一）恶意囤积农产品的主体

恶意囤积农产品的主体主要是经销商。经销商经营的目的是赚取购销差价，购入的农产品在价格上涨后再售出可以牟取高额利润，他们有强烈的动机囤积农产品。以某种农产品为原材料的生产商也可能囤积该农产品，但是生产商囤积农产品作为原材料一般是为了保证生产供应和减少未来的价格风险，如果他们没有在价格高涨时出售牟利的行为，该囤积行为就不应被认定为违法行为。

（二）恶意囤积农产品的主观要件

囤积农产品的主体是为了获得高额利润而故意囤积。实施恶意囤积农产品的主体在主观上是出于强烈的获利动机，精心选择某种农产品加以囤积的。"游资炒家喜欢囤积农产品，小宗农产品还特别适合囤积居奇。……当几家游资觉得差不多能够垄断国内市场时，就有了推高市场价格的内在需求和足够动力，换句话说，这时候他们就有力量呼风唤雨了。"❶ 如果行为人并非为了获得更高的利润而有意惜售，即使其囤积了超出正常存储数量或者存储周期的农产品并获利，也不应当认定为恶意囤积农产品。

（三）恶意囤积农产品的客观表现

恶意囤积在客观上表现为超出正常的存储数量或者存储周期，大量囤积市场供应紧张、价格发生异常波动的农产品。首先，行为人存储农产品的数量超过正常值或者存储周期过长。在价格监管中，有关部门应做好日常数据收集工作，尽可能利用市场、农业行业协会及政府部门的统计信息，根据具体情况对正常存储数量和周期作出认定。其次，行为人囤积的对象是市场供求关系紧张的农产品。在某种农产品供求关系紧张的情况下，囤积农产品会造成市场供给量的减少，供

---

❶ 严行方著：《农产品疯了？》，北京出版集团公司、北京出版社2011年版，第103页。

给量的减少会造成更大幅度的价格上涨。例如，在大蒜价格已经不断攀升的情况下，行为人大量囤积大蒜势必造成供给量小于消费者的需求量，在价值规律的作用下，大蒜价格还会高启。在实践中，行为人存储大量农产品拒不出售是典型的恶意囤积行为。此外，对于行为人虽然出售农产品，但是进货量远远超过出售量，形成大量库存的行为，也可以认定为囤积行为。

（四）认定恶意囤积行为的程序要求

事前告诫是对恶意囤积行为进行定性处罚的法定前置程序。根据《价格违法行为行政处罚规定》第 6 条第 1 款第 2 项，农产品经营者超出正常的存储数量或者存储周期，大量囤积市场供应紧张、价格发生异常波动的农产品，价格主管部门可以进行告诫。如果经营者听从价格主管部门的告诫，在限定时间内按限定的价格和销售对象出售农产品，其囤积农产品的危害性大大降低，则不再以恶意囤积实施处罚。如果经营者不听从告诫，不出售或者未在规定时间内出售完毕，则可以按照有关法律规定加以处罚。

恶意囤积农产品的主观要件是囤积的主体为了获得高额利润而故意存储大量农产品。但是，要证明行为人存储大量农产品是为了获得高额利润而故意为之还是存在一定难度，在无法证明的情况下容易放纵违法行为人。如果仅仅从囤积行为认定其存在囤积的故意，则有客观归责之嫌。事前告诫程序可以在一定程度上解决这一难题。在执法机关发现行为人超出正常的存储数量或者存储周期，大量囤积市场供应紧张、价格发生异常波动的农产品时，可以要求行为人在限定的时间内按限定的价格和销售对象出售农产品。如果行为人我行我素，拒不出售，则可以据此认定其主观上存在通过囤积牟利的恶意，进而对其实施处罚。

三、恶意囤积农产品的法律适用

虽然《中华人民共和国价格法》（以下简称《价格法》）并没有明确规定恶意囤积行为，但是，该法第 14 条规定的不正当价格行为之"（七）违反法律、法规的规定牟取暴利；（八）法律、行政法规禁止的其他不正当价格行为"可以作为处罚恶意囤积农产品的法律依据。《价格违法行为行政处罚规定》第 6 条进一步规定，除生产自用外，超出正常的存储数量或者存储周期，大量囤积市场供应紧张、价格发生异常波动的商品，经价格主管部门告诫仍继续囤积，推动商品价格过快、过高上涨的，责令改正，没收违法所得，并处违法所得 5 倍以下的罚款；没有违法所得的，处 5 万元以上 50 万元以下的罚款，情节较重的处 50 万元以上 300 万元以下的罚款；情节严重的，责令停业整顿，或者由工商行政管理机关吊销营业执照。对于恶意囤积农产品的行为，可以依据上述法律法规进行处罚。

"历史上的思想家、管理者，采取的方法无非是这么几种，要么增加供应，要么打破垄断，要么实行价格管制，要么将囤积居奇罪刑化，予以治罪。对于囤积居奇的最严厉打击，就是用法律手段将这种行为罪刑化。"❶ 1979 年《刑法》规定了投机倒把罪，严重的恶意囤积行为可以按照投机倒把罪加以处罚。但是，1997 年修改《刑法》时取消了投机倒把罪这一罪名，现行刑法没有规定严重危害社会的恶意囤积行为为犯罪行为。

第二节　哄抬农产品价格

下文将从哄抬农产品价格的一般问题、哄抬农产品价格的认定和

---

❶ 梁发芾："'囤积居奇'的标准如何认定"，载《中国经营报》2010 年 6 月 21 日，第 A11 版。

哄抬农产品价格的法律适用方面展开论述。

一、哄抬农产品价格概述

哄抬农产品价格是指农产品经营者、行业协会等单位捏造、散布涨价信息，或者利用其他手段推动农产品价格过快、过高上涨的行为。

在国家发改委、商务部、国家工商总局通报的囤积哄抬农产品价格违法案件查处情况中，"广东省物价局查处了广州市大鹏物流2号仓西一库某经销商哄抬绿豆价格的违法行为，处以2万元罚款"❶。在2009年的绿豆涨价案中，在绿豆主产区召开的"第一届全国绿豆市场产销行情研讨会"上，部分代表提出"绿豆产量会出现明显减少"、"价格上涨已成必然"。价格主管部门调查认定，吉林批发市场有限公司等企业存在散布绿豆涨价信息、推动绿豆价格过高上涨的违法行为。❷ 参会的绿豆经营者不但在会后纷纷入市收购绿豆，部分经营者还实施了哄抬绿豆价格的行为。

哄抬农产品价格的行为是投机炒作农产品的关键一环。投机炒作者收购并囤积大量农产品的目的是在价格高涨后出售牟取暴利。投机炒作者一方面可以通过囤积造成的有效供给量减少来推高农产品价格，另一方面通过散布涨价信息等方式推动农产品价格迅速高涨。由于农产品的经营者与消费者之间存在信息不对称，散布农产品的涨价信息会造成消费者的恐慌心理，进而引发抢购。在囤积农产品的行为已经造成市场供应量紧张的情况下，散布涨价信息更是雪上加霜。可以说，哄抬农产品价格的行为与囤积农产品的行为相互配合才能使投机炒作者获得更大的收益。

---

❶ "国家发展改革委、商务部、国家工商总局通报囤积哄抬农产品价格违法案件查处情况并答记者问"，载《中国价格监督检查》2010年第7期。

❷ 国家发展改革委价监局市场监管处："绿豆串通涨价案"，载《中国价格监督检查》2012年第8期。

二、哄抬农产品价格的认定

（一）哄抬农产品价格的主体

哄抬农产品价格的行为人主要是经营农产品的上游经营者，这些经营者往往储存了一定数量的农产品，通过哄抬使农产品价格高涨后可以获得更多的利润。虽然农产品的下游经营者也可能实施哄抬农产品价格的行为，但是在哄抬农产品价格需要投入较大成本时，这些主体的获利空间有限，实施哄抬价格行为的动力大打折扣。

除了农产品经营者之外的组织也可能出于各种目的实施哄抬农产品价格的行为。为了会员能够获得更大收益，行业协会可能实施哄抬农产品价格的行为。为农产品交易提供服务的批发市场等组织出于获得更多佣金的目的，也可能实施哄抬农产品价格的行为。

（二）哄抬农产品价格的主观要件

哄抬农产品价格的行为人在主观方面是为了达到农产品价格高涨的目的，故意以捏造、散布涨价信息等手段推动农产品价格高涨。

需要提及的是，如果农产品经营者在不知情的情况下，过失传播农产品涨价信息，是否应受处罚？本书认为，哄抬农产品价格具有获得一定利益的目的，过失传播农产品涨价信息的行为不宜作为违法行为来处理。

此外，即使某行为人故意捏造、散布涨价信息，如果行为人的目的并不是通过农产品价格上涨获取利益，那么也不能作为哄抬农产品价格来处理。例如，某人出于取乐目的，故意捏造、散布某种农产品短缺，价格将快速上涨的信息，这种行为不应作为哄抬农产品价格行为来处罚，应按照扰乱社会秩序的规定来处理。

（三）哄抬农产品价格的客观要件

哄抬农产品价格在客观方面表现为通过捏造、散布农产品涨价信息等手段推动农产品价格过高、过快上涨。

1. 利用自然灾害哄抬农产品价格

投机炒作者哄抬农产品价格往往要通过某些事实大肆宣扬涨价信息。自然灾害造成农产品减产是首选的炒作噱头。出现了自然灾害，农产品一定会减产，减产会导致供给量不足，价格当然会上升，这个论断是符合市场经济一般规律的。即便如此，发生自然灾害后农产品价格暴涨仍然是投机炒作者在作祟。"罕见的夏秋冬春连旱，导致云南、贵州、广西、四川等西南省区农业遭受巨大影响。绿豆、辣椒、生姜、中药材减产都在 60% 以上。西南百年大旱的发生一定程度上推高了农产品价格。"❶ 投机炒作者利用西南大旱这一灾害不断强化大众看涨的心理预期。消费者在误认为农产品的高价是合理的且在短期内不会降价时，往往会一反观望态度开始购买农产品，甚至抢购该农产品以备将来之用。此时，农产品经营者则会高价出售所囤积的绿豆、辣椒、生姜等农产品。

投机炒作者还利用北方倒春寒、西南大旱造成大蒜减产来哄抬大蒜的价格。"2009 年全国大蒜总产量从 2008 年的 1026 万吨减少到 590 万吨左右。而 2009 年以来，大蒜头的价格上演了一轮梦幻行情。去年 3 ~ 4 月时，大蒜每斤批发价才 2 ~ 3 毛钱，从 6 月起，大蒜价格开始节节高升，到 12 月，大蒜零售价格已经接近 6 元，大蒜的价格甚至突破了 10 元。经过了这轮疯长，今年开年，大蒜产地价格稍有回落，但也都保持在每斤 3 元以上。而进入 4 月以来，大蒜又重拾涨势，普通大蒜零售最高已经达到 7 ~ 8 元，短短一个月价格又再次上涨 10% ~ 20%。据新华社全国农副产品和农资价格行情系统监测，今年 6 月中旬以来大蒜价格再次大幅上涨，截至 7 月 18 日累计涨幅达 21.2%。尤其需要关注的是，大蒜价格仍呈加速上涨的态势，7 月 26 日南京部分

---

❶ 李德新、叶莉："部分农产品价格暴涨的冷思考"，载《江苏农村经济》2010 年第 9 期。

市场大蒜价格突破 10 元。"❶ 干旱、寒流、洪涝等自然灾害造成农产品减产，确实会影响到农产品价格，但是农产品减产有限，在没有人为炒作因素的情况下价格上涨的空间也有限。投机炒作者的人为干预才是绿豆、大蒜等农产品价格暴涨的原因。

2. 利用健康养生哄抬农产品价格

除了自然灾害之外，投机炒作者还利用人们关心健康、注重养生的心理，夸大绿豆、大蒜等农产品的功效，进一步推高这类农产品的价格。"提出'绿豆养生'的张悟本被认为是绿豆及其他杂粮涨价的助推者。带动起这股热潮的是《把吃出来的病吃回去》的作者张悟本，他已成为许多人养生的追捧对象，而他最倡导的理念之一就是绿豆养生。在张悟本的问诊里，绿豆加枸杞、黄芪或甘草煮水，是最普遍的处方之一。在张悟本的食疗秘笈中，绿豆被'神化'为包治百病的东西。张悟本在养生类的电视节目中表达了这样的观点：'绿豆汤可以治疗肺癌、糖尿病、心脑血管疾病、肺炎等数十种常见疑难病症。'他称肝是解毒的，绿豆是养肝的，绿豆是提高肝解毒能力的。养肝就是养血，才能软化血管。在张悟本看来，人体的各个器官与各种颜色的杂粮一一对应，肾对应黑豆，脾对应黄豆，心对应红小豆，吃不同的杂粮就是补对应的器官。陈桥是张悟本的养生理念的践行者之一。他严格按照张悟本介绍的方法执行：冷水煮绿豆，当水沸腾 5 ~ 6 分钟绿豆还没有煮开花时，把绿豆汤倒出来，这时候的汤颜色最深，把它当水喝，才有养肝、解毒、去暑的作用。剩下的绿豆再加水，煮成粥喝，盖着盖熬。这导致的结果是，他家几乎所有的容器都装着刚煮过 5 ~ 6 分钟的绿豆。'一次煮 3 斤，剩下的豆子每天当粮食吃也吃不完。'陈桥说。"❷

---

❶ 侯淑珍、田延国："农产品价格暴涨暴跌的思考与对策"，载《山东省农业管理干部学院学报》2010 年第 5 期。
❷ "养生专家提倡绿豆养生被指为绿豆涨价推手"，载 http://news. sina. com. cn/h/2010 - 05 - 26/050720346189. shtml，2013 年 3 月 17 日访问。

通过张悟本等人的大力推介，许多像陈桥一样的消费者会使用超出平均消费量几倍甚至几十倍的农产品。这会造成需求量进一步扩大而市场有效供给更小，不但给投机炒作者创造了大发横财的机会，也会进一步推高农产品的价格。

另一个借助防病被炒作的是大蒜。"近期，普通大蒜借甲流'上位'，价格暴涨，迅速成为蔬菜中的'贵族'。针对民间流传'食大蒜能防甲流'的说法，杭州市疾控中心 20 日明确表示，吃大蒜能防甲流的科学依据不足。'目前尚无足够的证据表明大蒜有预防甲型流感的功效。大蒜只是一种食品。'杭州市疾控中心传染病防治所刘社兰医学博士表示，虽然吃大蒜可以抗炎杀菌，对上呼吸道感冒和杀死肠道真菌有作用，但也要注意不能多吃，因为大蒜性温，吃多了眼睛容易发糊，也不要空腹大量食用大蒜，因为这样会令胃黏膜受到损害。"❶

在对绿豆、大蒜等农产品以"养生"、"防病"为噱头加以炒作后，会进一步增加其需求量，造成供应关系持续紧张，这类农产品价格暴涨也就不足为奇了。

三、哄抬农产品价格的法律适用

《价格法》第 14 条规定，经营者不得有下列不正当价格行为："……（三）捏造、散布涨价信息，哄抬价格，推动商品价格过高上涨的……"该法第 40 条规定，经营者有本法第 14 条所列行为之一的，责令改正，没收违法所得，可以并处违法所得 5 倍以下的罚款；没有违法所得的，予以警告，可以并处罚款；情节严重的，责令停业整顿，或者由工商行政管理机关吊销营业执照。

国家发改委《价格违法行为行政处罚规定》第 6 条第 1 款规定，

---

❶ "大蒜防甲流科学依据不足"，载 http：//paper. dzwww. com/dzrb/data/20091221/html/5/content_ 12. html，2013 年 3 月 17 日访问。

经营者违反价格法第 14 条的规定，有下列推动商品价格过快、过高上涨行为之一的，责令改正，没收违法所得，并处违法所得 5 倍以下的罚款；没有违法所得的，处 5 万元以上 50 万元以下的罚款，情节较重的处 50 万元以上 300 万元以下的罚款；情节严重的，责令停业整顿，或者由工商行政管理机关吊销营业执照：捏造、散布涨价信息，扰乱市场价格秩序的；利用其他手段哄抬价格，推动商品价格过快、过高上涨的。

国家发改委《价格违法行为行政处罚规定》第 6 条第 2 款规定，行业协会或者为商品交易提供服务的单位有前款规定的违法行为的，可以处 50 万元以下的罚款；情节严重的，由登记管理机关依法撤销登记、吊销执照。该条第 3 款规定，前两款规定以外的其他单位散布虚假涨价信息，扰乱市场价格秩序，依法应当由其他主管机关查处的，价格主管部门可以提出依法处罚的建议，有关主管机关应当依法处罚。

第三节　农产品卡特尔

下文将从农产品卡特尔的一般问题、对农产品卡特尔的认定和农产品卡特尔的法律适用方面展开论述。

一、农产品卡特尔概述

投机炒作农产品的经营者恶意囤积农产品的行为通过造成市场供应量减少来实现农产品价格高涨。但是，囤积农产品的经营者在什么时间、以什么价格出售囤积的农产品仍然属于个体行为。为了统一行动，投机炒作者往往合谋串通，限制农产品的销售量，而后共同涨价以期获取最大利益。本文将之称为投机炒作农产品违法行为中的农产品卡特尔。

"英语中的卡特尔——cartel 来自 16 世纪古意大利语的 cartello。"❶ 卡特尔是指具有竞争关系的经营者为了获取高额利润，通过合意规定商品价格、产品的产量或者销售量、划分市场范围等。农产品卡特尔包括价格卡特尔和数量卡特尔。价格卡特尔是卡特尔的重要类型，也称横向限制价格协议，"是指生产或销售同类商品的企业相互商定价格的行为，如规定产品的最低限价、最高限价或价格构成"❷。"固定价格正是最明显和最直接的使整个卡特尔组织的利润达到最大的手段。"❸ 数量卡特尔是指横向限制数量协议，即生产或销售同类商品的企业相互商定商品的产量或者销售量的行为。"一方面，限制数量会人为地制造市场供应紧张，使消费者不能按照自己的需求购买商品。另一方面，数量卡特尔因为是与价格卡特尔同时发生作用，通过价格和数量两方面的限制，参加卡特尔的企业相互便不存在实质性的竞争。"❹

为了达到获取高额收益的目的，上游的经营者也可能与下游的经营者达成限制转售价格的协议。但是，投机炒作农产品的违法行为人是为了在某种农产品的价格高涨后迅速抛售以牟取暴利，而且每年投机炒作的农产品都不相同，因此其往往不会与下游的经营者达成固定转售价格的协议。此外，经营农产品的下游经营者数量众多，投机炒作农产品的违法行为人也很难通过纵向协议的方式限制价格。根据截至目前公开报道的投机炒作农产品案件，尚未发现通过纵向协议限制价格的投机炒作方式。因此，本书中的农产品卡特尔是指投机炒作者之间的一致行动。

---

❶ 王晓晔著：《反垄断法中的卡特尔》，转引自《王晓晔论反垄断法》，社会科学文献出版社 2010 年版，第 106 页。

❷ 王晓晔著：《竞争法研究》，中国法制出版社 1999 年版，第 42 页。

❸ ［美］小贾尔斯·伯吉斯著：《管制和反垄断经济学》，冯金华译，上海财经大学出版社 2003 年版，第 210 页。

❹ 王晓晔著：《反垄断法中的卡特尔》，转引自《王晓晔论反垄断法》，社会科学文献出版社 2010 年版，第 115～116 页。

"2009 年 10 月 17 日，吉林某批发市场有限公司等多家企业召集国内 109 家绿豆经销企业，在绿豆主产区召开'第一届全国绿豆市场产销行情研讨会'。会上，部分代表呼吁不要卖出绿豆，要卖也要少卖；部分代表提出'绿豆产量会出现明显减少'、'价格上涨已成必然'、'会议有益于经营者对未来市场预期达成共识'等言辞。吉林某批发市场有限公司向部分与会企业印发了会议纪要和绿豆产销调研报告。报告中称，2009 年绿豆主产区种植面积同比下降 29.03%，单产同比下降 49.34%，据此推断绿豆主产区的产量同比下降 64.05%。会后，参会企业纷纷入市收购绿豆，从 2009 年 10 月至 2010 年 4 月，绿豆价格不断攀升，几乎上涨了一倍。价格主管部门调查认定，吉林某批发市场有限公司等企业存在相互串通、散布绿豆涨价信息、推动绿豆价格过高上涨的违法行为。据此，对吉林该批发市场有限公司按照法定最高处罚额度处以 100 万元罚款，对协办企业处以 50 万元罚款，对参加会议并相互串通的其他 109 家绿豆经销企业由当地价格主管部门予以告诫。"❶ 在上述案例中，绿豆经营者通过合谋限制绿豆的销售数量、共同涨价，是被法律禁止的农产品卡特尔行为。

经营者实施农产品卡特尔的最终目的是获取高额利润。在市场需求不变、农产品的成本相对固定的情况下，价格越高则经营者可以获得的利润越大，维持高价是获得超额利润最直接、最快捷的手段。同时，在某种农产品的利润率相对固定的前提下，具有竞争关系的经营者如果希望获得更多的利润，只能扩大销售的数量。具有竞争关系的经营者之中的某位经营者为了扩大销售数量，可能采取适当降低价格的方式，但是，这种单方降价会给具有竞争关系的经营者造成连锁反应，即经营者纷纷采取降价措施，直到价格降到无法再降为止。这种农产品市场中的有效竞争有利于保持经济的稳定发展，也有利于保护

---

❶ 国家发展改革委价监局市场监管处："绿豆串通涨价案"，载《中国价格监督检查》2012 年第 8 期。

消费者的利益。但是，这种有效竞争并不是具有竞争关系的经营者所希望的结果。为了获得在有效竞争中无法获得的高额利润，具有竞争关系的经营者可以通过农产品卡特尔限制他们之间的竞争，可以通过提高价格或者维持高价、限制销售数量的方式来达到目的。因此，农产品卡特尔的实施者是以损害市场竞争秩序和牺牲消费者的利益来满足自己私利的，这是农产品卡特尔应被法律禁止的理由所在。

二、对农产品卡特尔的认定

（一）农产品卡特尔的主体

实施农产品卡特尔的主体是两个以上具有竞争关系的经营者。单独的经营者可以实施恶意囤积、哄抬价格等行为，但是不能实施卡特尔行为。卡特尔是两个以上的经营者商定价格的行为，单个经营者无法完成该行为。实施卡特尔的两个以上的经营者具有竞争关系，也就是要经营同样的商品。经营者与不具有竞争关系的经营者达成的协议不属于卡特尔。经营者与交易相对人达成的固定向第三人转售商品的价格或者限定向第三人转售商品的最低价格的协议虽然也属于《反垄断法》第14条所禁止的垄断协议，但是不属于横向限制竞争的价格卡特尔的范畴。

就农产品实施卡特尔行为的还有一类特殊主体，即行业协会。根据国务院办公厅《关于加快推进行业协会商会改革和发展的若干意见》（国办发〔2007〕36号）的规定，行业协会是一种非营利性的自律组织。但是，行业协会可以组织或者帮助会员达成限制农产品销售数量、农产品涨价的协议。因此，美国、欧盟、日本、中国台湾等国家或地区都明确了行业协会的卡特尔主体资格。我国《反垄断法》第16条规定，行业协会不得组织本行业的经营者从事本法禁止的垄断行为。国家发改委《反价格垄断规定》第9条规定，禁止行业协会从事下列行为：制定排除、限制价格竞争的规则、决定、通知等；组织经营者达成本规定所禁止的价格垄断协议；组织经营者达成或者实施价格垄断协议的其他行为。可见，行业协会的卡特尔行为在我国是反垄断法所明文禁止的。

此外，农业生产者及农村经济组织不能成为农产品卡特尔的主体。根据《反垄断法》第56条的规定，农业生产者及农村经济组织在农产品销售、储存等经营活动中实施的联合或者协同行为，不适用该法的规定。

（二）农产品卡特尔的主观要件

具有竞争关系的农产品经营者实施卡特尔行为在主观上必须有共同的意志。共同的意志是指实施卡特尔行为的农产品经营者之间就限制农产品销售数量、农产品涨价达成意思表示的一致。

在市场经济条件下，经营者一般都希望独立自主地开展经营活动，不愿意受到过多的约束。农产品的经营者之间就限制农产品销售数量、农产品涨价所达成的共同意愿在一定程度上限制了农产品经营者的经营自由。但是，如果这种意愿能够协调众多农产品经营者的行为，大家能够获得更大的利益，那么经营者还是愿意牺牲自己的一部分自由的。因此，各自独立的农产品经营者为了达到获得更大利益的目的，在主观上必须有指导共同行为的意愿。各个农产品经营者有无共同的行动意愿，是区分卡特尔行为与其他行为的主观因素。如果农产品经营者之间没有意思联络，在存储大量农产品之后各自采取了限制销售数量或者涨价的措施，那么该行为不能认定为农产品卡特尔行为，可以考虑按照恶意囤积行为来处理。

由于共同意志属于经营者主观意识的范畴，必须通过表现于外的证据来证明。如果农产品的经营者形成了书面的协议或者决定，则这些书面材料是证明当事人具有共同意愿的直接证据。如果农产品经营者没有形成书面材料，则需要间接证据来认定是否构成卡特尔行为。在绿豆涨价案中，"会议主办方吉林某批发市场有限公司印发了《第一届全国绿豆市场产销行情研讨会会议纪要》和《2009 年产区绿豆种植情况调研报告》，宣称'2009 年绿豆主产区种植面积同比下降29.03%，产区绿豆单产同比下降49.04%，最终加权得出产区绿豆产量同比下降64.05%'。与会代表讨论绿豆行情及价格走势的发言，甚至鼓动与会企业不要卖的言论，如'绿豆出现明显减产'、'价格上涨已成必然'、'此次会议有益于经营者对未来市场预期达成共识'、'你不要卖，我建议你不要卖'、'你可以不要卖，可以是少卖'等。由这些言论可以看出，参会经营者就绿豆价格走势和下一步经营行为进行了充分的意思联络，统一了绿豆价格上涨的共识。"❶ 虽然绿豆的经营者没有形成书面的共同涨价的材料，但是从他们的言论中可以得知，这些经营者形成了限制绿豆销售量和涨价的共同意志，满足了农产品卡特尔行为的主观要件。

(三) 农产品卡特尔的客观表现

根据《反垄断法》第 13 条的规定，农产品卡特尔在客观方面表现为农产品经营者的协议、决定和协调行为。农产品经营者形成共同的意志仅是第一步，在这种共同意志的指导下采取一致行动以便获取最大利益才是经营者实施农产品卡特尔的最终目标。

1. 农产品经营者订立协议

协议是指"复数经营者间达成的相互实施回避竞争的经营活动的意思表示的一致"❷。农产品经营者达成的协议可以限制农产品的价格，也可以限制农产品的销售数量。这里的协议并不是按照合同法的规定成立的合法有效的合同。合同是当事人之间意思表示的一致，根据《中华人民共和国合同法》第 52 条，违反法律、行政法规强制性规定的合同是无效合同。农产品经营者达成的协议为《反垄断法》所禁止，

---

❶ 国家发展改革委价监局市场监管处："绿豆串通涨价案"，载《中国价格监督检查》2012 年第 8 期。

❷ 王玉辉著：《垄断协议规制制度》，法律出版社 2010 年版，第 48 页。

不是合法有效的合同。无效合同具有不得履行性，即使当事人履行了该合同，也不能按照其意思表示产生法律后果。

2. 农产品经营者作为会员的行业协会形成决定

这里的决定是行业协会通过一定程序作出的拘束其成员的决策结果。从表面来看，行业协会作出的决定是一个独立法律主体的意愿。但是，作为社团法人，行业协会形成决定体现的是会员的集体意志，其反映的是农产品经营者串通限制销售数量、共同涨价的共同愿望。如果作为会员的农产品经营者遵守该决定，就是在共同意志的指导下形成一致行动。

3. 农产品经营者采取协同行为

协同行为是指农产品经营者为了避免协议或者决定留下证据，逃避法律的制裁而采取的默认一致的行为。农产品经营者虽然没有订立协议或者形成决定，但是心照不宣地实施限制销售数量或者共同涨价等行为，这种协同行为具有更强的隐蔽性。根据国家发改委《反价格垄断规定》第6条，认定其他协同行为应当依据经营者的价格行为具有一致性和经营者进行过意思联络这两个因素；同时，认定协同行为还应考虑市场结构和市场变化等情况。

在绿豆涨价案中，参会的农产品经营者在达成涨价共识后采取了一致的行动，是典型的协同行为。参会经营者的"绿豆出现明显减产""价格上涨已成必然""此次会议有益于经营者对未来市场预期达成共识""你不要卖，我建议你不要卖""你可以不要卖，可以是少卖"❶等言论表明参会经营者已经进行了意思联络，达成了涨价的共识。会后，参会经营者一致采取了大量收购绿豆、推动绿豆市场价格上涨的行为。"检查组提取了主产地及其周边地区《部分绿豆经销企业2009年10月至2010年4月绿豆销售价格》，以月时间单位记录了该地及其

---

❶ 国家发展改革委价监局市场监管处："绿豆串通涨价案"，载《中国价格监督检查》2012年第8期。

周边地区部分参加产销行情研讨会的绿豆经销企业从 2009 年 10 月至 2010 年 4 月的绿豆销售价格，参会经营者在会后纷纷入市收购，推动了绿豆市场收购价格和销售价格的不断上涨、一路攀升。"❶

（四）农产品卡特尔不以造成实际损害后果为必要

根据《反垄断法》第 13 条的规定，认定农产品卡特尔并不要求具有实际损害结果的要件，只要农产品经营者实施了协议、决定或者协调行为，即可认定其为违法。不以造成实际损害后果为必要又称为"本身违法性"。如果一种协议无论其产生的具体情况，也无论其影响的范围有多大，均应被视为非法时，这类垄断协议就是"本身违法"❷。本身违法性主要用于对市场竞争秩序具有严重影响的行为。如果对农产品卡特尔行为违法性的认定要求以实际损害结果为要件，在已经发现农产品经营者有卡特尔行为但是损害后果尚未出现的情况下，则无法依据反垄断法对卡特尔行为进行有效的规制。当然，无论农产品卡特尔是否造成实际损害都可以进行处罚，但是，对未出现损害后果的卡特尔进行处罚可以起到防患于未然的作用。

三、农产品卡特尔的处罚依据及其适用

农产品经营者的卡特尔行为符合《价格法》及国家发改委《价格违法行为行政处罚规定》的相关规定，同时也符合《反垄断法》及国家发改委《反价格垄断规定》的相关规定，适用哪个法律规定加以处罚，结果是存在很大差异的。

（一）农产品卡特尔的处罚依据

《价格法》第 14 条规定，经营者不得有"相互串通，操纵市场价

---

❶ 国家发展改革委价监局市场监管处："绿豆串通涨价案"，载《中国价格监督检查》2012 年第 8 期。

❷ 王晓晔："加重制裁——本身违法的卡特尔类型及法律后果"，载《国际贸易》2004 年第 8 期。

格，损害其他经营者或者消费者的合法权益"的不正当价格行为。该法第 40 条规定，经营者有本法第 14 条所列行为之一的，责令改正，没收违法所得，可以并处违法所得 5 倍以下的罚款；没有违法所得的，予以警告，可以并处罚款；情节严重的，责令停业整顿，或者由工商行政管理机关吊销营业执照。有关法律对本法第 14 条所列行为的处罚及处罚机关另有规定的，可以依照有关法律的规定执行。

国家发改委《价格违法行为行政处罚规定》第 5 条第 1 款规定，经营者违反价格法第 14 条的规定，相互串通，操纵市场价格，造成商品价格较大幅度上涨的，责令改正，没收违法所得，并处违法所得 5 倍以下的罚款；没有违法所得的，处 10 万元以上 100 万元以下的罚款，情节较重的处 100 万元以上 500 万元以下的罚款；情节严重的，责令停业整顿，或者由工商行政管理机关吊销营业执照。《价格违法行为行政处罚规定》第 5 条第 2 款规定，除前款规定情形外，经营者相互串通，操纵市场价格，损害其他经营者或者消费者合法权益的，依照本规定第 4 条的规定处罚。该规定第 4 条的处罚为：责令改正，没收违法所得，并处违法所得 5 倍以下的罚款；没有违法所得的，处 10 万元以上 100 万元以下的罚款；情节严重的，责令停业整顿，或者由工商行政管理机关吊销营业执照。《价格违法行为行政处罚规定》第 5 条第 3 款规定，行业协会或者其他单位组织经营者相互串通，操纵市场价格的，对经营者依照前两款的规定处罚；对行业协会或者其他单位，可以处 50 万元以下的罚款，情节严重的，由登记管理机关依法撤销登记、吊销执照。

根据《反垄断法》第 13 条，具有竞争关系的经营者不得达成固定或者变更商品价格、限制商品的生产数量或者销售数量的垄断协议。该法第 46 条规定，经营者违反本法规定，达成并实施垄断协议的，由反垄断执法机构责令停止违法行为，没收违法所得，并处上一年度销售额 1% 以上 10% 以下的罚款；尚未实施所达成的垄断协议的，可以处 50 万元以下的罚款。行业协会违反本法规定，组织本行业的经营者达成垄断协议的，反垄断执法机构可以处 50 万元以下的罚款；情节严重的，社会团体登记管理机关可以依法撤销登记。

国家发改委《反价格垄断规定》第 3 条规定，经营者达成价格垄断协议属于该规定所称价格垄断行为。根据该规定第 5 条，价格垄断协议是指在价格方面排除、限制竞争的协议、决定或者其他协同行为。根据该规定第 23 条，经营者有价格垄断行为的，由国务院价格主管部门和经授权的省、自治区、直辖市人民政府价格主管部门依据反垄断法的相关规定进行处罚。

（二）农产品卡特尔的法律适用

通过梳理相关法律规定可知，农产品经营者通过垄断协议实施的涨价行为可能同时符合《价格法》及国家发改委《价格违法行为行政处罚规定》和《反垄断法》及国家发改委《反价格垄断规定》的相关规定。"反垄断法与价格法之间的竞合或冲突主要集中在对价格垄断行为的规制，因此，合理协调二者关系的关键也就在于此。"❶

国家发改委、商务部、国家工商总局通报了囤积哄抬农产品价格违法案件查处情况："吉林省、内蒙古自治区价格主管部门查处了吉林玉米中心批发市场有限公司联合内蒙古扎鲁特旗正达粮油贸易有限公司、吉林省洮南市吉豆经贸有限公司等企业通过举行会议等，相互串通，捏造散布涨价信息，操纵市场价格的违法行为，对会议组织者吉林玉米中心批发市场有限公司按照法定最高处罚额度处以 100 万元罚款，对协办会议的企业各罚款 50 万元，对参加会议并相互串通的其他 109 家绿豆经销企业也给予了提醒告诫。"❷ "根据上述案例的处罚结果可知，有关部门是适用《中华人民共和国价格法》及国家发改委《价

---

❶ 王先林主编：《中国反垄断法实施热点问题研究》，法律出版社 2011 年版，第 73 页。
❷ "国家发展改革委、商务部、国家工商总局通报囤积哄抬农产品价格违法案件查处情况并答记者问"，载《中国价格监督检查》2010 年第 7 期。

格违法行为行政处罚规定》进行处罚的。处罚依据与研讨会的性质不符。'绿豆研讨会'虽然在表面上涉及串通涨价的问题，但实质上不是单纯的价格违法行为，而是垄断协议；该垄断行为不仅涉及限制价格问题，还涉及对销售量的限制。如果适用价格法对行为人进行处罚，实际上遗漏了对其中销售量限制的评价和处罚。"❶绿豆涨价案中的农产品经营者通过举行会议相互串通，也可以被认定为农产品卡特尔行为。该案中，农产品经营者的行为同时符合价格法律和反垄断法律的相关规定。

《价格法》及国家发改委《价格违法行为行政处罚规定》和《反垄断法》及国家发改委《反价格垄断规定》关于处罚的规定存在以下差异：（1）计算的依据不同。根据国家发改委《价格违法行为行政处罚规定》第5条的规定，对经营者违反价格法第14条的规定，相互串通，操纵市场价格，造成商品价格较大幅度上涨处以罚款处罚是按照违法所得的倍数来计算。根据《反垄断法》第46条，经营者达成并实施垄断协议的，按照上一年度销售额处以罚款。（2）处罚的上限不同。根据国家发改委《价格违法行为行政处罚规定》第4条和第5条的规定，经营者违反价格法第14条的规定，相互串通，操纵市场价格，造成商品价格较大幅度上涨的，处以违法所得5倍以下的罚款；没有违法所得的，处以500万元以下的罚款。根据《反垄断法》第46条，经营者达成并实施垄断协议的，处以上一年度销售额1%以上10%以下的罚款。按上一年度销售额的一定比例处罚是没有上限的。（3）对实际损害后果的要求不同。根据国家发改委《价格违法行为行政处罚规定》第5条的规定，经营者相互串通，操纵市场价格，造成商品价格较大幅度上涨后果或者损害其他经营者或者消费者合法权益的，才给予处罚。根据《反垄断法》第46条，经营者尚未实施所达成的垄断协

---

❶ 董新凯："从绿豆企业串通涨价看研讨会式垄断协议的反垄断法规制"，载《江苏社会科学》2011年第1期。

议，也就是未造成实际损害后果的，可以处 50 万元以下的罚款。

如果上述绿豆涨价案适用《反垄断法》的规定，可以对经营者处以上一年度销售额 1% 以上 10% 以下的罚款，在违法者上一年度的销售额较大的情况下，对违法者的处罚力度会更大，更有利于规制价格卡特尔行为。在尚未实施所达成的垄断协议的情况下，也可以依照《反垄断法》对达成垄断协议的经营者处以 50 万元以下的罚款。而在该案中，有关部门仅仅对参加会议并相互串通的其他 109 家绿豆经销企业给予了提醒告诫，而没有给予处罚，很难起到震慑该类违法行为的作用。

《价格法》和《反垄断法》都是国家法律，根据《中华人民共和国立法法》的规定，二者具有相同的法律位阶。但是，《反垄断法》是在《价格法》之后制定的，根据新法优于旧法的原则，在二者规定不一致时应优先适用《反垄断法》。此外，《价格法》第 40 条规定，有关法律对该法第 14 条所列行为的处罚及处罚机关另有规定的，可以依照有关法律的规定执行。因此，在《反垄断法》有不同规定时是可以适用该法的。

在农产品经营者仅仅实施数量限制卡特尔行为时，则不能适用《价格法》、《价格违法行为行政处罚规定》及《反价格垄断规定》的规定，只能适用《反垄断法》的相关规定处罚。再者，《反垄断法》不仅规制经营者的行为，还规制行业协会的行为。而《价格法》则关注经营者的价格行为，并不规制行业协会的行为。原因在于，"从理论上看，价格法除了调整经营者的价格垄断等违法行为之外，还承担着稳定市场价格总水平的任务，因此对行业协会发起的固定价格行为甚至带有鼓励的态度"❶。因此，行业协会的投机炒作农产品的卡特尔行为只能适用《反垄断法》，《价格法》没有适用的余地。

---

❶ 王仁富著：《中国竞争法律体系及其协调性研究》，中国检察出版社 2012 年版，第 115 页。

根据《反垄断法》第 56 条的规定，农业生产者及农村经济组织在农产品销售、储存等经营活动中实施的联合或者协同行为，不适用该法的规定。因此，农业生产者及农村经济组织即使实施了农产品卡特尔行为，也不能按照《反垄断法》及《反价格垄断规定》进行处罚。但是，如果农业生产者及农村经济组织的行为符合《价格法》以及《价格违法行为行政处罚规定》的相关规定，则可以按照上述法律规定进行处罚。

第四章　投机炒作农产品违法
行为的政府监管

政府依法采取监管措施可以防范投机炒作农产品违法行为，消除其不良影响。政府对投机炒作农产品违法行为人的惩处也属于政府监管的题中应有之义，本书对该部分内容在法律责任部分与民事责任和刑事责任一并阐述。下文从价格违法行为监管的一般理论、临时价格干预措施和监管机关的协调等几方面加以讨论。

第一节　政府监管与价格监管

下文将分别阐述政府监管的概念与分类，以及价格监管的概念与分类。

一、政府监管

（一）政府监管的概念

"监管"源于英文 regulation，也有译为"管制"和"规制"的。例如，丹尼尔·F. 史普博著有《管制与市场》，施蒂格勒著有《产业组织与政府管制》。"规制"的译法源于日本学者，20 世纪 90 年代初日本学者植草益所著《微观规制经济学》翻译到国内，"规制"一词也被频繁使用。在中国，也有许多文献将 regulation 翻译为"监管"。本书使用"监管"的表述方法，如无特别说明，本书中的"监管"与"管制"和"规制"在同一意义上使用。

日本学者植草益阐述了广义的规制概念："通常意义上的规制，是指依据一定的规则对构成社会的个人和构成特定经济的经济主体的活动进行限制的行为。进行规制的主体有私人和社会公共机构两种形式。由私人进行的规制，譬如私人（父母）约束（私人子女）的行动（称之为'私人规制'）；由社会公共机构进行的规制，是由司法机关、行政机关及立法机关进行的对私人以及经济主体行为的规制（称之为'公的规制'）。"❶

从经济性质来看，政府干预经济可以分为两大方面：宏观调控与微观规制。宏观调控包括利用普通法经过法院间接干预企业经济活动、利用宏观调控手段通过市场间接干预企业经济活动和通过国有化直接干预企业经济活动。微观规制包括反托拉斯和通过规制机构直接干预微观主体的经济活动。❷ 政府监管也有宏观和微观之分。根据《新帕尔格雷夫经济学大辞典》，宏观经济调控意义上的监管是指"通过一些反周期的预算或货币干预手段对宏观经济活动进行调节"❸。微观经济监管意义上的监管是指"政府为控制企业的价格、销售和生产决策而采取的各种行动，政府公开宣布这些行动是要努力制止不充分重视'公共利益'的私人决策"❹。

但是，监管一般在政府直接干预微观经济活动的意义上使用。丹尼尔·F. 史普博认为："管制是行政机构制定并执行的直接干预市场

---

❶ ［日］植草益著：《微观规制经济学》，朱绍文译，中国发展出版社1992年版，第1页。

❷ 周学荣著：《政府规制论》，湖北长江出版集团、湖北人民出版社2010年版，第2～3页。

❸ ［美］约翰·伊特威尔、默里·米尔盖特、彼得·纽曼编：《新帕尔格雷夫经济学大辞典》（第4卷 Q－Z），经济科学出版社1996年版，第135页。

❹ ［美］约翰·伊特威尔、默里·米尔盖特、彼得·纽曼编：《新帕尔格雷夫经济学大辞典》（第4卷 Q－Z），经济科学出版社1996年版，第137页。

配置机制或间接改变企业和消费者供需决策的一般规则或特殊行为。"❶ 史普博认为，市场中有三种类型的管制：第一种是直接干预配置机制的管制，如价格管制、产权管制及合同管制；第二种是通过影响消费者决策而影响市场均衡的管制，如汽车尾气排放量限制；第三种是干扰企业决策从而影响市场均衡的管制，如对产品质量、安全的限制。❷ 小贾尔斯·伯吉斯认为，政府管制是"政府采取的干预行动。它通过修正或者控制生产者或者消费者的行为，来达到某个特定的目的"❸。

也有学者对监管的定义阐明了监管的法律依据。茅铭晨认为："所谓政府管制，就是管制性行政主体根据法律法规的授权，为追求经济效益和社会效益的帕累托最优及维护社会公平和正义，对经济及其外部性领域和一些特定的非经济领域采取的调节、监管和干预等行政行为。"❹ 王健等认为："政府规制，是政府为了维护公众利益、纠正市场失灵，依据法律和法规，以行政、法律和经济等手段限制和规范市场中特定市场主体活动的行为，确立市场竞争秩序，促进市场经济健康发展。"❺ 王俊豪等认为，管制是"具有法律地位的、相对独立的规制者（机构），依照一定的法规对被规制者（主要是企业）所采取的一系列行政管理与监督行为"❻。文学国等认为："政府规制是政府为了维护不同市场参与者之间的利益均衡与利益分配的公平合理，依照法律法规，对市场参与者实施的干预措施。"❼

---

❶ ［美］丹尼尔·F. 史普博著：《管制与市场》，余晖等译，上海三联书店、上海人民出版社 1999 年版，第 45 页。

❷ ［美］丹尼尔·F. 史普博著：《管制与市场》，余晖等译，上海三联书店、上海人民出版社 1999 年版，第 44 页。

❸ ［美］小贾尔斯·伯吉斯著：《管制与反垄断经济学》，冯金华译，上海财经大学出版社 2003 年版，第 4 页。

❹ 茅铭晨著：《政府管制法学原论》，上海财经大学出版社 2005 年版，第 11 页。

❺ 王健等著：《中国政府规制理论与政策》，经济科学出版社 2008 年版，第 4 页。

❻ 王俊豪主编：《管制经济学》，高等教育出版社 2007 年版，第 4 页。

❼ 文学国主编：《政府规制：理论、政策与案例》，中国社会科学出版社 2012 年版，第 5 页。

不同的学科从不同的角度研究政府监管问题。本书认为，政府监管是有权机构为了克服市场失灵、实现社会福利最大化的公共利益目标，依据法律法规对市场主体的微观经济活动进行干预。从法学的角度观察，监管涉及主体的法律地位和权利义务、监管法规和规章的制定、监管措施、监管的法律程序、对有关主体的行政处罚等问题。

（二）间接监管和直接监管

间接监管，即间接规制，是"以有效发挥市场机制职能而建立完善的制度为目的，不直接介入经济主体的决策而仅制约那些阻碍市场机制发挥职能的行为之政策。间接规制由司法部门通过司法程序实施，其法律基础通常包括反垄断法、商法和民法等"❶。直接监管，"是政府的相关机构通过有关进入、价格、许可、认可、标准、收费等法规而直接对企业市场行为施加的规制"❷。根据植草益的观点，广义的公的规制包含间接规制和直接规制，狭义的公的规制仅指直接规制，直接规制又可以进一步分为经济性规制和社会性规制。❸

按照上述分类，间接监管的法律后果是有关主体依据司法机关的裁决承担法律责任。关于投机炒作农产品违法行为的行政责任、民事责任和刑事责任，本书将专门论述，此不多言。

（三）经济性监管和社会性监管

经济性监管，即经济性规制，"是指政府的行政机构通过法律授权，通过制定法规、设定许可、监督检查、行政处罚和行政裁决等行政处理方式对企业在价格、产量、进入和退出等方面的决策进行限制"❹。植草益认为，经济性规制是指"在自然垄断和存在信息偏在的

---

❶ 周学荣著：《政府规制论》，湖北长江出版集团、湖北人民出版社 2010 年版，第 3 页。

❷ 周学荣著：《政府规制论》，湖北长江出版集团、湖北人民出版社 2010 年版，第 3 页。

❸ ［日］植草益著：《微观规制经济学》，朱绍文译，中国发展出版社 1992 年版，第 23 页。

❹ 文学国主编：《政府规制：理论、政策与案例》，中国社会科学出版社 2012 年版，第 97 页。

领域，主要为了防止发生资源配置低效和确保利用者的公平利用，政府机关用法律权限，通过许可和认可等手段，对企业的进入和退出、价格、服务的数量和质量、投资、财务会计等有关行为加以规制"❶。

社会性监管，即社会性规制，"就是政府关于社会环境保护、公民工作场所和日常生活的生命安全和健康的规制"❷。植草益认为，社会性规制是"以保障劳动者和消费者的安全、健康、卫生、环境保护、防治灾害为目的，对物品和服务的质量和伴随着提供它们而产生的各种活动制定一定标准，并禁止、限制特定行为的规制"❸。社会性规制的公益正当性理由一般集中于两种类型的市场失灵：信息不对称问题和市场交易的溢出效应（外部性）对第三人产生的不利影响。❹

经济性监管与社会性监管既有联系，又有区别。二者的联系主要表现在：（1）从整体的角度来看，二者相辅相成，从不同侧面纠正市场失灵，提高市场效率，增进社会福利。（2）二者都采用进入规制方法，如批准认可、资格、标准及认证制度。（3）二者存在交叉，往往是同时进行的。二者的主要区别表现在：（1）目的不同。经济性监管服从于政府经济职能的实现，社会性监管服从于政府社会职能的实现。（2）对象不同。经济性监管往往是针对特殊产业的行为，而社会性监管表现为非定向、普适性规制。（3）领域不同。经济性监管的领域集中于经济活动，社会性监管的领域集中于社会活动。（4）手段不同。经济性监管以价格规制等经济手段为主，社会性监管以设立标准等技术和行政手段为主。（5）实施所依赖的政府机构不同。社会性监管基

---

❶ ［日］植草益著：《微观规制经济学》，朱绍文译，中国发展出版社1992年版，第27页。

❷ 文学国主编：《政府规制：理论、政策与案例》，中国社会科学出版社2012年版，第272页。

❸ ［日］植草益著：《微观规制经济学》，朱绍文译，中国发展出版社1992年版，第22页。

❹ 安东尼·奥格斯著：《规制：法律形式与经济学理论》，骆梅英译，中国人民大学出版社2008年版，第5页。

本上依赖政府行政机构和司法机关，经济性监管更多地依赖政府的经济管理机构。[1]

经济性监管是对被监管者经济行为的限制，可进一步分为两种类型。第一种类型是垄断性行业监管。这种监管以垄断性行业为对象，以平衡买卖双方的经济利益为目的，监管的内容主要包括价格、服务质量、市场准入、投资、财务管理等。第二种类型是反托拉斯、反不正当竞争监管。这种监管以竞争性产业为对象，以维护公平竞争为目的，以反串谋、反倾销、反不合理兼并为主要内容。由于价格对垄断性企业与消费者间的利益关系影响最直接，因而价格监管是垄断性行业监管最主要的内容。服务的质量及供应的可靠性既关系到企业的成本，也直接影响消费者的福利，所以，质量监管与价格监管互为条件。此外，为保证价格监管的绩效，监管机构须有控制垄断性企业成本的能力，因此，市场准入及对企业投资、财务管理等方面的行为限制也应纳入经济性监管的范围。[2]

二、价格监管

（一）价格监管的定义

植草益对价格监管的定义为："价格规制主要是指在自然垄断产业中，规制者从资源有效配置和服务的公平供给观点出发，以限制垄断企业确定垄断价格为目的，对价格（在规制产业中称为收费）水平和价格体系进行规制。在竞争性产业中也进行价格的规制，在这种场合下，也是从资源配置效率和服务的公平供给的观点出发而进行规制的。"[3] 植草益的定义指出，价格监管不仅包括对垄断产业的价格监管，

---

[1] 王健等著：《中国政府规制理论与政策》，经济科学出版社 2008 年版，第 174 页。

[2] 刘树杰："价格监管现代化的认识基础"，载《中国价格监督检查》2011 年第 3 期。

[3] ［日］植草益著：《微观规制经济学》，朱绍文译，中国发展出版社 1992 年版，第 28～29 页。

还包括对竞争性产业的价格监管。

本书认为，按照上文关于监管的分析，价格监管是经济性监管的重要组成部分。价格监管是政府机构依据法律法规，运用监管权力，采取监管措施，对市场中的价格水平和价格行为所实施的干预。价格监管不仅限于自然垄断等非竞争性产业的价格干预，也包括竞争性产业的价格干预。价格监管不包括价格宏观调控，其关注的是微观经济领域。

价格监管是保障市场机制发挥资源配置作用的重要措施。市场竞争形成价格，价格机制是市场机制的核心机制，价格波动可以引导资源合理流动，实现资源的优化配置。加强价格监管有助于规范市场价格秩序，保障市场经济健康发展。在市场经济中，价格行为是经济主体重要的市场行为，价格是经济主体开展竞争的最重要手段。价格监管可以制止和惩处价格垄断行为和不正当竞争价格行为，创造良好的市场环境。

（二）垄断产业价格监管和竞争性产业价格监管

垄断是指市场中商品或服务的数量和价格由一个或者几个经营者控制的状况。这里的垄断是指自然垄断和政策性垄断。"如果一种产品的生产（或服务的提供）由一个厂商完成而成本最小，该产业就是自然垄断产业。"❶ 自然垄断产业的边际生产成本持续低于平均生产成本，其平均生产成本随产量的增加不断降低。此时，由一家企业提供整个产业的所有产品能够更加节约生产成本。自然垄断产业企业一般在运营初期资本投入规模较大，固定资本投资具有专用性，可变运营成本较低，分摊到单位产品的固定成本则较高。电力、电信、邮政、铁路、民航、城市供水、供热、燃气等具有自然垄断的性质。政策性垄断

---

❶ 文学国主编：《政府规制：理论、政策与案例》，中国社会科学出版社 2012 年版，第118 页。

"是指市场经济主体在一定范围之内依靠国家政策而形成对市场或资源的控制权"❶。政府实行政策性垄断的目的是为了加强政府的调控能力和维护公共安全。政策性垄断集中在关系国计民生的重要商品和公用事业产业中，政府控制这些产业的准入，只允许一个或者少数企业从事生产经营。国家垄断是政策性垄断的重要形式。一些公益性较强的准公共产品具有消费的可排除性，仅依靠市场的力量无法保证供应，政府往往会依据成本制定价格来直接提供这类产品。一些国家专营专卖商品的价格无法通过市场形成，也需要国家进行垄断经营，如食盐和烟草等。政府有关机构对于垄断产业的价格往往采用规定价格上限、特许投标等手段加以管制。

垄断产业之外的产业属于竞争性产业，竞争性产业不受准入管制的限制，经营者可以自由进入该产业领域。在市场经济条件下，竞争性产业的价格由市场竞争形成，政府有关机构对价格本身的监管较少。"我国绝大多数商品和服务价格已经放开由市场形成。据统计：截至2006年年底，市场调节价在社会商品零售总额中占95.3%，在农产品收购总额中占97.1%，在生产资料销售总额中占92.1%；而政府指导价和政府定价所对应的比重分别只占4.7%、2.9%和7.9%。"❷ 但是，自由竞争可能会产生垄断和不正当竞争行为，政府有关机构需要依据反垄断法和反不正当竞争法等来管制企业的价格垄断行为和不正当价格竞争行为。

投机炒作农产品违法行为针对的农产品一般属于竞争性产业的产品，其价格由市场经营者自由决定，这就为行为人的投机炒作行为提供了机会。因此，依据反垄断法和价格法等法律法规查处行为人的投机炒作行为是管制投机炒作农产品违法行为的重要内容。

---

❶ 邹积量著：《市场经济条件下的价格管制研究》，经济科学出版社2012年版，第55页。

❷ 朱明龙、周智高："我国政府价格监管问题研究"，载《价格理论与实践》2009年第1期。

（三）持续性价格监管和临时性价格监管

这里的持续性价格监管是指政府有关机构依法进行的相对稳定、长期存在的价格监管。政府有关机构对于垄断行业的价格采用规定价格上限、特许投标等手段进行的监管以及对企业的价格垄断行为和不正当价格竞争行为的监管都属于持续性的价格监管。在我国，政府定价和政府指导价是持续性价格监管中最常见的措施。政府定价，是指依照《价格法》规定，由政府价格主管部门或者其他有关部门，按照定价权限和范围制定的价格。政府定价"具有高度的计划性、宏观性、严肃性和相对稳定性的特点"❶。政府指导价，是指依照《价格法》规定，由政府价格主管部门或者其他有关部门按照定价权限和范围规定基准价及其浮动幅度，指导经营者制定的价格。政府指导价"是国家和企业共同决策的价格，是在国家价格决策导向下的企业定价"❷。根据《价格法》第18条，对于与国民经济发展和人民生活关系重大的极少数商品价格、资源稀缺的少数商品价格、自然垄断经营的商品价格、重要的公用事业价格和重要的公益性服务价格，政府在必要时可以实行政府指导价或者政府定价。

临时性价格监管是指在市场中的价格由于某种原因出现波动时，采取临时性干预措施的监管。根据《价格法》第30条，当重要商品和服务价格显著上涨或者有可能显著上涨时，国务院和省、自治区、直辖市人民政府可以对部分价格采取限定差价率或者利润率、规定限价、实行提价申报制度和调价备案制度等干预措施。

违法行为人投机炒作的农产品一般不属于政府指导价和政府定价的范畴。但是，在违法行为人的投机炒作行为推动重要农产品价格显著上涨时，可以适用临时性价格干预措施来平抑该农产品的价格，消弭投机炒作行为的消极后果。

---

❶ 杨继瑞主编：《价格理论与实践》，四川大学出版社2006年版，第131页。

❷ 杨继瑞主编：《价格理论与实践》，四川大学出版社2006年版，第131页。

第二节 临时价格干预措施对投机炒作农产品的适用

下文将从临时价格干预措施的法律依据、实践、具体措施等方面，对投机炒作农产品适用的具体内容进行论述。

一、临时价格干预措施概述

（一）临时价格干预措施的法律依据

《价格法》第30条规定，当重要商品和服务价格显著上涨或者有可能显著上涨，国务院和省、自治区、直辖市人民政府可以对部分价格采取限定差价率或者利润率、规定限价、实行提价申报制度和调价备案制度等干预措施。为在非常时期及时有效地平抑市场价格波动，维护公共利益和社会稳定，依法落实国务院和省、自治区、直辖市人民政府决定实行的价格干预措施或者紧急措施，国家发改委依据《价格法》制定了《非常时期落实价格干预措施和紧急措施暂行办法》（以下简称《暂行办法》），该办法于2004年1月1日起施行。国家发改委经国务院批准，于2008年1月15日公布并施行了《关于对部分重要商品及服务实行临时价格干预措施的实施办法》（以下简称《实施办法》）。

（二）临时价格干预措施的实践

2003年中国发生"非典"疫情，一些地方的防治药物及生活用品价格出现暴涨，发生了囤积抢购。为有效维护"非典"时期的市场价格秩序，国家发改委要求各地方采取最高限价等价格干预措施。

2007 年 5 月开始，中国的物价出现大幅上涨，CPI 指数居高不下，出现了囤积居奇、哄抬价格等行为。为了平抑物价，2008 年年初国家发改委在全国范围内对成品粮及粮食制品、食用植物油、猪肉和牛羊肉及其制品、牛奶、鸡蛋、液化石油气等实行提价申报和调价备案。3 家方便面生产企业、4 家食用植物油生产企业、4 家乳制品企业被要求向国家发改委履行提价申报程序。全国 31 个省、区、市也都实施了价格干预措施。在居民消费价格指数持续下降的情况下，国家发改委于 2014 年 12 月 1 日解除了临时价格干预措施。

2008 年，国家发改委发布公告，在 2008 年 6 月 19 日至 12 月 31 日期间对重点合同电煤和非重点合同电煤出矿价实行最高限价，对非重点合同电煤市场售价采取限定差价率等措施。2011 年 11 月，国家发改委再次对电煤实施适当控制合同电煤价格涨幅、对市场交易电煤实行最高限价的价格干预措施。该干预措施于 2012 年 12 月解除。

（三）临时价格干预措施的具体类型

根据《价格法》的规定，国务院和省、区、市采取的临时价格干预措施包括以下具体类型。

1. 限定差价率或者利润率

限定差价率是指政府限定流通企业购进和售出商品价格的比率。限定利润率是指政府限定生产企业的利润幅度。

2. 规定限价

规定限价是指政府规定商品或者服务的最高价格，经营者确定的价格不能超出政府规定的最高价格。

3. 提价申报

提价申报是指政府要求经营者在提高重要商品或者服务价格时必须在规定的时间内向价格主管部门申报，经价格主管部门批准后经营者方可提价。

4. 调价备案

调价备案是指政府要求经营者在提高重要商品或者服务的价格后必须在规定的时间内向价格主管部门报送申请书，价格主管部门在规定的时间内有异议的，责令恢复原价或者降低调价幅度，逾期未告知的视为无异议。

二、临时价格干预措施适用于投机炒作农产品的具体内容

（一）临时价格干预措施适用的对象

根据《价格法》第 30 条的规定，临时价格干预的对象是重要商品和服务。《实施办法》第 1 条规定，经国务院批准，决定对部分重要商品及服务在全国范围内实施临时价格干预措施，对达到一定规模的生产、经营企业实行提价申报；对达到一定规模的批发、零售企业实行调价备案。该办法第 4 条规定了可以实行提价申报和（或）调价备案措施的商品及服务：成品粮及粮食制品；食用植物油；猪肉和牛羊肉及其制品；乳品；鸡蛋；液化石油气（政府制定出厂价格和零售价格的除外）；其他重要商品及服务。可见，《实施办法》所规定的重要商品和服务是指关系百姓生计的实行市场调节价的生活必需商品及服务。

前已述及，被投机炒作的农产品主要是主粮之外的小宗农产品，如绿豆、大蒜、生姜、辣椒、大葱、食糖、三七等。虽然这些农产品实行市场调节价，在与百姓生计的重要性方面无法与主粮、油、肉、乳、蛋、气等相提并论，但是，被投机炒作的农产品往往具有产地集中的特点，在某个地区控制住某种农产品的价格，可以从源头上遏制价格暴涨的势头。例如，我国大蒜种植面积占全球大蒜种植面积的 60% 以上，山东、江苏、河南三省种植面积占全国总面积一半以上。绿豆的主产区主要集中于东北地区和内蒙古，东北地区年产量占全国总产量 60% 以上，吉林洮南是"中国绿豆之乡"，产量占到东北地区

绿豆总产量的 70% 以上。❶ 再如用作制药原料的三七，全国产量的 97% 集中在云南文山。❷

《实施办法》第 4 条规定，各省、自治区、直辖市人民政府可以在前款范围内确定在本行政辖区部分重要商品及服务提价申报和调价备案的具体目录，由省、自治区、直辖市人民政府价格主管部门报国家发改委备案。因此，应允许地方人民政府根据本地区实际情况将本行政辖区内已经被投机炒作、造成价格显著上涨或者有显著上涨可能性的农产品纳入临时价格干预的商品范围之中。

（二）临时价格干预措施的启动主体

根据《价格法》第 30 条的规定，国务院和省、自治区、直辖市人民政府有权采取临时价格干预措施。省、自治区、直辖市人民政府采取临时干预措施，应当报国务院备案。这表明了政府对于实施临时价格干预措施的审慎态度。根据上述规定，虽然省、自治区、直辖市人民政府有权采取临时干预措施，但是在报国务院备案后也可能由于采取措施不当而被国务院纠正。因此，实施临时价格干预措施的最终决定权掌握在中央政府手中。

上述规定有利于保证临时价格干预措施的权威性和统一性，有利于充分发挥市场机制的作用，保护经营者的利益。但是，实施临时价格干预措施的主体层级较高在实践中也会出现难以有效应对市场价格暴涨的情况。"如 2003 年 4 月，西安市场从抢购防非药品进而发展到抢购生活用品，且逐步向周边地区蔓延。西安市物价局向省物价局及时报送了紧急请示，但省物价局考虑全省面上的干预措施，让各地搞调查、报情况，故干预措施迟迟等不下来。面对西安市非常严峻的市

❶ 周婷、卢铮："农产品炒作惊现'金融手法'监控资金异动遏游资"，载《中国证券报》2010 年 6 月 18 日，第 A03 版。
❷ 林进宁："解析囤积炒作小宗农产品对市场影响及预防对策"，载《价格理论与实践》2011 年第 4 期。

场混乱局面，市政府一方面积极组织货源，平抑市场，另一方面不得不采用不合法的行政手段，责成西安市物价局尽快拿出干预措施，打击不法商贩。结果在不到一周时间里就稳定了市场。"❶

有鉴于此，有观点认为应当赋予市县级地方政府启动临时价格干预措施的权力。"《价格法》对价格干预措施需要省以上政府批准的规定，就使得地市以下政府在商品价格出现显著上涨时，没有价格干预措施的权限而屡屡上报，贻误时机，造成严重后果。因此，建议修改价格干预措施的法律授权。赋予省级以下政府在突发价格异动时期实施价格干预措施的权限，以利于区域经济的发展和社会稳定。"❷

根据《价格法》第20条，国务院价格主管部门和其他有关部门按照中央定价目录规定的定价权限和具体适用范围制定政府指导价、政府定价；其中重要的商品和服务价格的政府指导价、政府定价，应当按照规定经国务院批准。省、自治区、直辖市人民政府价格主管部门，应当按照地方定价目录规定的定价权限和具体适用范围制定在本地区执行的政府指导价、政府定价。市、县人民政府可以根据省、自治区、直辖市人民政府的授权，按照地方定价目录规定的定价权限和具体适用范围制定在本地区执行的政府指导价、政府定价。

按照上述规定，市、县人民政府是可以根据省级人民政府的授权制定在本地区执行的政府指导价、政府定价的。与此相适应，可以考虑由省级人民政府授权市县人民政府在本行政区域内实施临时价格干预措施。当然，被授权的市县人民政府要严格按照临时价格干预措施的条件和程序实施，并履行备案手续。这样，一方面保持实施临时价格干预措施权力的统一性，另一方面解决市县人民政府无法及时根据市场价格变化处置紧急事件的难题。

---

❶ 周玉能：《价格法》"关于价格干预措施的规定应该修改"，载《中国物价》2004年第8期。

❷ 周玉能："对关于价格干预措施的修改意见"，载《价格与市场》2005年第1期。

（三）临时价格干预措施的启动条件

根据《价格法》第 30 条，当重要商品和服务价格已经显著上涨，或者虽然没有显著上涨，但有关信息表明有可能显著上涨时，可以实施临时价格干预措施。

但是，"显著上涨或者有可能显著上涨"缺乏操作性，需要进一步细化。对此，一些地方政府的规定有借鉴意义。2007 年《广东省主要粮食价格应急干预预案》规定，如果全省一半以上地区粮食价格在 7 天内上涨 50% 以上，并持续 15 天以上；或在 7 天内上涨 100% 以上，则可实行粮食零售最高限价。2004 年福建省经贸委《关于福建省商品市场异常波动应急工作预案的通知》按商品市场异常波动事件的影响程度，划分了一般、重大、特大三个级别的异常波动事件。（1）一般异常波动事件，指在某一设区市范围内，超出正常波动范围，但对人民生活及社会秩序影响较小的商品市场异常波动事件。具体为：该区域一种或几种商品市场价格在 2 天内普遍上涨了 30% 以上 50% 以下，少数县、市、区出现少数消费者抢购该类商品，商业储备量低于正常值的 50%，对当地居民生活及社会稳定构成一定的负面影响。（2）重大异常波动事件，指在某一或若干设区市范围内发生，给人民生活和社会稳定直接造成重大危害的商品市场异常波动事件。具体为：事件发生区域一种或几种商品市场价格在 2 天内普遍上涨了 50% 以上 100% 以下，多数县、市、区出现消费者抢购，商业储备量普遍低于正常值的 30%，正在或可能对当地居民生活及社会稳定造成危害。（3）特大异常波动事件，是指在某一或若干设区市范围内发生，对人民生活、经济和社会造成严重危害的商品市场异常波动事件。具体为：这些区域一种或几种商品市场价格在 2 天内普遍上涨了 100% 以上，多数县、市、区出现消费者抢购，商业储备量低于正常值的 10%，正在或可能对人民生活和社会发展稳定造成特大危害。在重大异常波动事件发生时，可视必要建议省政府实行提价备案制度和申报制度，建议省政府出台限定差价率或利润率政策，建议省政府规定限价，也就是建议省政府启动临时价格干预措施。在特大异常波动事件发生时，则可以建议省政府启动全面冻结价格的紧急措施。

《暂行办法》第 2 条规定，在突发公共事件、严重自然灾害、战争、通货膨胀等非常时期，当重要商品和服务价格显著上涨或者有可能显著上涨，影响经济发展和国民经济正常运行时，国务院价格主管部门或者省、自治区、直辖市价格主管部门应当向本级人民政府提出实行价格干预措施的建议。

对投机炒作农产品而言，违法行为人往往利用突发公共事件、自然灾害等作为噱头，推动某种农产品价格暴涨。根据《暂行办法》，在突发公共事件、严重自然灾害等非常时期，除了要具备重要商品和服务价格显著上涨或者有可能显著上涨的要件，还要具备价格的显著上涨影响了经济发展和国民经济正常运行的条件。这实质上增加了在非常时期启动临时价格干预措施的难度，而且影响经济发展和国民经济正常运行也是原则性的规定，操作性不强。因此，从解释上应该认为，但凡在非常时期造成重要商品和服务价格显著上涨或者有可能显著上涨的情形，都具有影响经济发展和国民经济正常运行的效果，以便减少适用临时价格干预措施的障碍。

市场经济的运行应遵循市场经济规律，大部分商品和服务的价格应在价值规律的支配下自由形成。在市场经济有序运行的情况下，政府应当尊重市场规律，不宜直接干预市场价格。只有在市场失灵，市场价格机制受到破坏时，政府才能进行干预。临时价格干预措施的实施是政府在行使行政权力，是否行使应持审慎态度，以保持市场调节和政府干预的界限，防止行政权力随意干预市场。因此，在采取临时价格干预措施前，政府应已经穷尽可以消除重要商品或者服务显著上涨后果的其他措施。这些先行采取的措施包括增加采购、组织外地调进，选择可替代商品增加市场供应量，动用商品储备库存，加强监管、控制流出，加强宣传引导、消除误解、稳定消费心理、恢复百姓对市场价格的信心，查处囤积居奇、哄抬价格的违法行为，等等。只有在其他措施没有效果或者来不及采取其他措施的情形下，才可以实施临时价格干预措施。

（四）临时价格干预措施的解除条件

临时价格干预措施是在重要商品或者服务价格显著上涨或者有可能显著上涨的特殊情况下，为弥补市场机制缺陷、控制价格过快上涨而采取的暂时性手段。若要使重要商品或者服务的价格在上涨之后回归到合理的水平，最终仍然要通过市场机制起作用。临时价格干预措施不是长期的手段，只是平抑价格的辅助性措施，在市场机制功能得到修复、市场价格趋于平稳后，临时价格干预措施应及时解除，否则反而会破坏市场机制，适得其反。

《价格法》第32条规定，实行干预措施的情形消除后，应当及时解除干预措施。《实施办法》第2条规定，当实施价格干预措施的情形消除后，由政府价格主管部门及时报经国务院或者省、自治区、直辖市人民政府批准，宣布解除临时价格干预措施。

然而关于实行干预措施的"情形消除"的具体标准却没有详细的规定。对此，可以考虑以下标准：重要产品或者服务的价格回复到以往的水平；重要产品或者服务的价格虽然没有完全回复到以往的水平，但在一定时间内连续下降；影响重要产品或者服务价格显著上涨的因素消失，例如投机炒作农产品的违法行为已经被查处，等等。

此外，临时价格干预措施的实施时间不宜过长。法国在发生公共事件或某个领域市场明显不正常时，政府有权采取临时措施，限制价格过度上涨，而且干预措施的期限最多不能超过6个月。❶法国的规定

---

❶ 徐小平："完善国家引导和干预经营者价格行为法律制度的思考"，载《中国物价》2006年第4期。

可资借鉴，我国也可限定临时价格干预措施的最长期限。当然，如果该期限届满，实施临时价格干预措施的情形并没有完全消除，也可以通过法定的程序再次启动临时价格干预措施。但是，再次启动的条件审查应更为严格，以免出现不当后果。

（五）临时价格干预措施的救济和保障制度

临时价格干预措施的对象是实行市场调节价的商品和服务，其作用是在市场机制出现缺陷时平抑市场价格。实施临时价格干预措施的目的是维护市场机制的作用，而不是取代市场调节。《实施办法》第3条规定，实行价格干预措施应当遵循经济规律，有利于发展生产，保障供应；有利于保障企业正常经营，稳定市场预期，稳定价格总水平。为了保护经营者的利益，《实施办法》第8条规定，如无正当理由，价格主管部门不得要求经营者亏损经营。为防止政府部门的拖沓、懈怠损害经营者的利益，《实施办法》第7条规定，价格主管部门受理提价申报后，应当在7个工作日内告知经营者；逾期不答复的，视为同意经营者的申报内容。《实施办法》第11条还规定，价格主管部门受理经营者调价备案后，有异议的，应当在3个工作日内告知，并责令有关经营者恢复原价或者降低调价幅度；逾期未告知的，视同对经营者调价无异议。

对于因为临时价格干预措施遭受损失的生产经营者，政府可以运用价格调节基金进行补偿。价格调节基金是政府为了平抑市场价格、平衡供求、补偿生产经营者和消费者建立的专项资金。《价格法》第27条规定，政府可以设立价格调节基金。国家发改委《关于运用价格调节基金加强和改善价格调控的通知》也提出价格调节基金要应对突发事件引发的价格异常波动。价格调节基金对保护生产经营者和消费者的合法权益具有重要作用，应充分发挥其功效。

为了保证临时价格干预措施的实施，对于不执行价格干预措施的经营者和政府部门及其工作人员要追究其法律责任。日本《国民生活紧急措施法》第3条到第11条规定，政府在异常状态下，对生活关联物资决定标准价格、特定标准价格，并对违反者进行罚款。❶ 我国《价格法》第 39 条规定，经营者不执行法定的价格干预措施的，责令改正，没收违法所得，可以并处违法所得 5 倍以下的罚款；没有违法所得的，可以处以罚款；情节严重的，责令停业整顿。《实施办法》第 14 条规定，经营者未按规定履行申报或者备案程序的，未在规定的时间内申报或者备案的，经营者申报后提前提价的，不执行价格主管部门作出的不予提价、降低提价幅度或者标准等决定的，不按照规定说明理由或者虚构理由、提供虚假资料的，不执行限定差价率或者利润率的，有违反价格干预措施的其他行为的，由政府价格主管部门依照《价格法》、《价格违法行为行政处罚规定》处罚。《价格法》第 45 条规定，地方各级人民政府或者各级人民政府有关部门违反规定，不执行法定的价格干预措施的，责令改正，并可以通报批评；对直接负责的主管人员和其他直接责任人员，依法给予行政处分。

第三节　投机炒作农产品监管机构的职责及其协调

投机炒作农产品监管机构的职责存在交叉，下文在分析国外典型价格监管模式的基础上探讨监管机构之间的协调问题。

一、投机炒作农产品监管机构的职责

中国可以对投机炒作农产品行使监管职权的机构包括国家发改委价格司和国家发改委价监局、国家工商行政管理总局下设的反垄断与反不正当竞争执法局（本书简称工商总局垄断与竞争局）。虽然商务部

---

❶ 徐小平："完善国家引导和干预经营者价格行为法律制度的思考"，载《中国物价》2006 年第 4 期。

反垄断局也有监管反垄断的职责，但其负责的经营者集中垄断和对外贸易中的垄断与投机炒作农产品没有实质联系，本书不做讨论。

国家发改委价格司与投机炒作农产品监管相关的主要职责为：（1）监测、预测居民消费价格，重要商品的零售价格，主要生产、生活资料价格的变动趋势；（2）组织对重要商品、服务价格项目的成本调查和监审，发布价格信息，引导经营者价格行为；（3）拟订重要商品价格、服务价格和收费政策并组织实施。❶

国家发改委价监局与投机炒作农产品监管相关的主要职责为：（1）指导全国价格监督检查与反垄断工作，拟订价格监督检查与反垄断政策、任务、工作计划及实施意见；（2）负责反价格垄断执法工作，调查、认定和处理重大的价格垄断行为和案件；（3）组织开展市场价格行为监管工作，调查、认定和处理重大的不正当价格行为和案件；负责市场价格异常波动监督检查应急工作；（4）起草有关价格监督检查与反垄断法律法规草案和规章，依法界定各类价格违法行为、价格垄断行为。❷

工商总局垄断与竞争局与投机炒作农产品监管相关的主要职责为：（1）拟订有关反垄断、反不正当竞争的具体措施、办法；（2）承担有关反垄断执法工作；（3）查处市场中的不正当竞争违法案件，督查督办大案要案及典型案件。❸

中国各省级、市级、县级的机关设置和职责往往依据国家部、委、局的设置和职责来确定。因此，作为地方价格监管机关的发展和改革机关和工商行政管理机关的职责范围一般与国家发改委和国家工商总局的职责范围相同。

---

❶　参见国家发展和改革委员会网站，http：//jgs. ndrc. gov. cn/jgsz/，2014 年 8 月 12 日访问。

❷　参见国家发展和改革委员会网站，http：//jjs. ndrc. gov. cn/jgsz/，2014 年 8 月 12 日访问。

❸　参见国家工商行政管理总局网站，http：//www. saic. gov. cn/zzjg/jgsz/200905/t20090523_ 48854. html，2014 年 8 月 12 日访问。

从价格监管角度而言，投机炒作农产品价格监管机构的职责存在交叉。工商行政管理机关主要负责微观经济中的价格干预，维护正常的市场秩序。虽然发展和改革机关主要负责宏观经济上的价格调控，但是微观层面的价格行为也属于其监管职责范围。

根据《价格法》第5条的规定，国务院价格主管部门统一负责全国的价格工作。国务院其他有关部门在各自的职责范围内，负责有关的价格工作。县级以上地方各级人民政府价格主管部门负责本行政区域内的价格工作。县级以上地方各级人民政府其他有关部门在各自的职责范围内，负责有关的价格工作。该法第33条规定，县级以上各级人民政府价格主管部门，依法对价格活动进行监督检查，并依照该法的规定对价格违法行为实施行政处罚。

根据《反不正当竞争法》第3条的规定，各级人民政府应当采取措施，制止不正当竞争行为，为公平竞争创造良好的环境和条件。县级以上人民政府工商行政管理部门对不正当竞争行为进行监督检查；法律、行政法规规定由其他部门监督检查的，依照其规定。

前已述及，典型的投机炒作农产品违法行为包括囤积居奇、哄抬价格以及为了达到囤积和哄抬目的而达成垄断协议。按照上述规定，《价格法》规定的价格违法行为应由价格主管部门负责监管。但是，《价格法》规定的价格违法行为往往也具有不正当竞争的性质，二者很难截然分开。因此，价格监管机构需要协调配合。

二、国外价格监管机构的主要模式

西方市场经济发达国家价格监管机构的典型模式主要有以下几种。

（一）日本模式

日本设立了一个直属于总理大臣的特殊行政机构——公正交易委员会，专司包括价格垄断和不正当价格竞争在内的反垄断和不正当竞争，拥有相当大的独立权限。公正交易委员会由1名委员长和4名委员组成，下设事务总局。委员长和委员经国会两院同意由内阁总理大臣任命。5 人委员会是决策机构，委员长对外代表公正交易委员会。但委员长与委员之间不是命令服从关系，公正交易委员会的一切决定均以合议多数表决。事务总局是执行机构，下设有官房（办公厅）、经济交易室、审查室。本部在东京，按经济区划在全国设置 7 个分支部办事处。地方政府本身不设专门机构承担这个业务。❶

（二）美国模式

美国在价格监管方面设有两个执法机构。一是司法部反托拉斯局，它主要起公诉人的作用，在认定行为人违反《竞争法》后向法院提起诉讼。反托拉斯局在部分州设有办事处。二是联邦贸易委员会，它属于独立机构，由 5 个总统批准、联邦政府任命的委员组成。委员的作用相当于法官，有权对案件作出裁决。当事人不服裁决可以到法院上诉。联邦贸易委员会设有 8 个派出机构。反托拉斯局与联邦贸易委员会为避免工作重复而经常合作，任何一个机构在正式立案调查前都通知另一个机构不要重复调查。对于重要案件，两个机构会协商办理。刑事案件只能由反托拉斯局处理，联邦贸易委员会侧重处理不公平贸易方面的案件。❷

（三）法国模式

法国负责价格监管的机构是隶属于经济财政部的竞争消费反欺诈总局。总局直属竞争消费和反欺诈 2 个稽查大队、8 个检测检验室和 2 个职业培训中心。在全法国 22 个大区设立大区局和 7 个区际竞争消费稽查大队，在 101 个省全部设立分局。法国还有一个特殊的半官方机构——全国竞争委员会，负责竞争方面违法案件的裁决。委员会的 16 名成员由分别来自地方法院、审计法院、刑事法院的法官以及社会各

---

❶ 刘刚：“对市场经济条件下价格监管体制的思考”，载《中国物价》2000 年第 6 期。
❷ 刘刚：“对市场经济条件下价格监管体制的思考”，载《中国物价》2000 年第 6 期。

界名流组成。委员会成员由经济财政部部长报经司法部部长和法国总理同意后任命。竞争消费反欺诈总局及其分支机构的执法权集中体现为调查权，一般不对被检查单位作出处罚决定。竞争方面的案件，由全国竞争委员会行使司法权，由竞争消费反欺诈总局起诉到竞争委员会，由其裁决。裁决结果具有法律效力，企业不服，可以向上诉法院上诉。澳大利亚、德国和加拿大的价格监管机构类似于法国。❶

三、投机炒作农产品价格监管机构的协调

投机炒作农产品价格监管机构的协调其实是整个价格监管机构体系整合的缩影。中国目前的价格监管是多部门执法。将来监管执法体制如何，要看经济发展和体制改革深化的需要，现在不能简单轻言合并或分立。从目前来看，价格监管机构的整合包括以下几种可能：一是类似于日本模式，将工商行政管理和价格监管等机构合并，成立综合执法机构，上设一个仅有数人组成的反垄断委员会或竞争委员会。二是类似于法国模式，将工商行政管理和价格监督等机构合并成立综合执法部门，独立行使反垄断及不正当竞争的职能，在行政上隶属于宏观经济部门，但又保持相对独立性。三是类似于美国模式，现行分部门执法的体制不变或职能、机构略有调整、合并，各部门密切联系，加强协作。❷

从我国行政机构改革的进程来看，前两种模式尚需时日。目前，第三种模式更具有现实意义。深圳将工商局与物价局合并为深圳市工商行政管理局（物价局）就是一种积极的探索。这种模式可以解决价格主管部门和工商行政管理部门之间的重复执法问题，也可以避免价格违法行为监管出现真空地带。

---

❶ 刘刚："对市场经济条件下价格监管体制的思考"，载《中国物价》2000 年第 6 期。
❷ 刘刚："对市场经济条件下价格监管体制的思考"，载《中国物价》2000 年第 6 期。

第五章　国际投机资本的政府监管

对农产品进行投机炒作是各方面因素综合作用的结果，国际投机资本是投机炒作农产品的重要资金来源。对国际投机资本加以监管是防范投机炒作农产品违法行为发生的关键措施。

第一节　国际投机资本概述

为了展开论述，下文需要厘清国际投机资本的概念，分析其特征，并在此基础上阐明其产生原因、资金来源与获利方式。

一、国际投机资本的概念和特征

（一）国际投机资本的概念

对于国际投机资本，国内外文献分别从不同的角度对其加以界定，但是并未形成统一的意见。比较普遍的观点认为，国际投机资本与国际游资、国际热钱具有相同的意义。

张亦春、王先庆认为："所谓国际投机资本，或称国际游资，是指没有固定的投资领域，以追逐高额短期利润为目的而在各国金融市场

之间移动的短期资本。"❶

刘光溪、陈嘉祥认为："在与实体经济的生产或交易不发生直接联系的国际资本流动中，那些独立于商品生产流通之外，无固定投资领域，通常主动承担风险来追求高额短期利润，进而在各国市场间迅速转移的短期资本，称作国际投机资本。""对于一些看好中国经济发展潜力，投资期限较长，同时兼得人民币升值好处的投资，不能被看作国际投机资本。"❷

《新帕尔格雷夫经济学大辞典》对游资的定义为："在固定汇率制度下，资金持有者或者出于对货币预期贬值（或升值）的投机心理，或者受国际利率差收益明显高于外汇风险的刺激，在国际间掀起大规模的短期资本流动，这类移动的短期资本通常被称为游资。"❸

王军等认为："国际热钱是短期国际资本的俗称，也被称为国际游资，是指以追逐国际间的利率差、汇价差或者是资产价格差为目的的，期限在一年以内的短期频繁流动的国际投机性资金。"❹

王毅将热钱定义为"以追求高额利润为目的，具有高度流动性的国际投机资金"❺。

张明将热钱定义为"通过在一国金融市场上投机获利的国际资本"❻。

Jagdish Handa 认为，热钱是国家之间流动的，对汇率变化、利率

---

❶ 张亦春、王先庆：《国际投机资本与金融动荡》，中国金融出版社 1998 年版，第 16 页。

❷ 刘光溪、陈嘉祥："论国际投机资本影响的中性化问题"，载《国际贸易》2009 年第 10 期。

❸ 约翰·伊特威尔、默里·米尔盖特、彼得·纽曼编：《新帕尔格雷夫经济学大辞典》（第 2 卷 E－J），经济科学出版社 1996 年版，第 724 页。

❹ 王军、齐银山、王梦潇："国际热钱流动的规模、趋势及其防范研究"，载《宏观经济研究》2010 年第 8 期。

❺ 王毅："我国热钱流入规模及影响因素的分析与思考"，载《金融发展评论》2011 年第 5 期。

❻ 张明："当前热钱流入中国的规模与渠道"，载《金融前沿》2008 年第 7 期。

波动、安全和兑换非常敏感的资金。❶

冯建华认为："国际短期资本，也叫国际游资，就是常在国际或国内金融市场之间快速调入撤出的短期资金，以套取高额利润为目标，即'热钱'。"❷

本书采用国际投机资本与国际热钱、国际游资具有同一意义的观点。从中国的角度审视，国际投机资本是基于资本的逐利本性，以不同国家间的利率差、汇价差或资产价格差为牟利契机，以隐蔽的方式入境，期限一般在一年以下的频繁流动的资金。

(二) 国际投机资本的特征

1. 国际投机资本的投机性

国际投机资本进入一国后，一般流入证券市场、黄金市场、房地产市场、艺术品市场、农产品市场等领域。国际投机资本不以取得产业部门的利润为目的，并不投向国民经济的具体产业部门，不会构成实质性的投资。投机是"一种购买或销售行动，其目的是在价格或汇率改变时再卖出或买进，并因此赚得一笔利润"❸。金融市场的投机"是一种试图通过交易对象短期价格的波动，谋取买卖差价中高风险收益的经济行为"❹。国际投机资本通过利率差、汇率差和价格差获得巨额利益，其投向的领域并不固定，哪些领域能够获得更高的回报，国际投机资本就会投向这些领域。

2. 国际投机资本的风险性

"投机者不像套期保值者，他们是风险爱好者，并保持开放的

---

❶ Jagdish Handa. Monetary Economics. London & New York：Routledge，Taylor & Francis Group，2000.

❷ 冯建华："'热钱'涌入中国？"，载 http：//www. bjreview. cn/Cn/2003 - 38/200338 - fm1. htm，2014 年 7 月 13 日访问。

❸ ［英］戴维·皮尔斯主编：《现代经济学辞典》，毕吉耀、谷爱俊译，北京航空航天大学出版社 1992 年版，第 518 页。

❹ 黄长征著：《投机经济学》，中国社会科学出版社 2003 年版，第 4 页。

态势。"● "风险是指在经济活动中人们预期的收益与实际收益之间的差异，这种差异既来自客观世界的不确定性，也来自人们对客观世界的认识能力的局限性。"❷ 经济领域的风险一般是指没有达到预期的收益，甚至是损失本金。追求高收益是国际投机资本的最终目的，但是风险与收益总是相伴而生，高收益往往附随着高风险。国际投机资本对世界范围内的获利机会非常敏感，各国之间的利率差别、汇率变动以及某个商品领域的盈利预期是吸引国际投机资本流入的主要原因。一旦机会出现，国际投机资本就会迅速投入可以获利的领域，在获利机会消失后国际投机资本又迅速撤离，继续投向新的投机领域。国际投机资本往往投向一国的股票市场、黄金市场、房地产市场等领域，这些市场的行情往往瞬息万变，在国际投机资本的持有者对市场行情把握不准，或者出现了影响市场行情的突发事件时，国际投机资本在来不及撤离时也会遭受较大损失。此外，在对国际投机资本的进出进行限制的国家以及对投资进行准入限制的领域，国际投机资本往往采用非法的方式进入、退出一国领域，或者改头换面变相进入受到准入限制的领域。国际投机资本的上述活动是非法的，一旦被查获，很有可能血本无归。然而在高收益目标的驱使下，国际投机资本的持有者甘愿冒着极大的风险从事投机活动。

3. 国际投机资本的短期性

一般认为国际投机资本属于国际短期资本，但也存在不同观点。宗良认为，国际游资是指"为追逐高额利润而经常在各金融市场间移动的短期资产，是全球经济金融自由化、国际化的产物"❸。何泽荣和徐艳认为国际热钱是"在国际金融市场上对各种经济金融信息极为敏

● ［英］戴维·皮尔斯主编：《现代经济学辞典》，毕吉耀、谷爱俊译，北京航空航天大学出版社 1992 年版，第 518 页。

❷ 成思危："虚拟经济与金融危机"，载《管理科学学报》1999 年第 1 期。

❸ 宗良："对国际游资冲击金融市场的若干思考"，载《国际金融研究》1997 年第 11 期。

感的，以高收益为目的，但同时承担市场风险的，具有高流动性的短期资金"❶。冯菊平认为国际游资是"投资资金流动实际发生周期在一年期以下，包括没有明确投资期而流动性强、可变现的各种金融资产的跨境流动行为"❷。刘光溪、陈嘉祥认为："对于一些看好中国经济发展潜力，投资期限较长，同时兼得人民币升值好处的投资，不能被看作国际投机资本。"❸ 王国刚、余维彬认为："国际热钱属于短期国际资本，所谓'短期'，按照国内外的标准，就是不超过一年。""如果有一笔国际热钱流入中国，那么从流入之日起计算，它必须在一年内流出中国，否则就不是国际热钱，而一旦它流出了，中国境内也就没有这笔热钱了。"❹

但是，也有观点认为，国际投机资本不限于一年以下的短期资本。张明认为，热钱的"投机期限可能超过一年以上"❺。王毅也强调，"热钱不只是短进短出，其投机期限有可能超过一年"❻。

本书认为，国际投机资本为了获得高额利润，采用的获利方式是短期投机操作。但是，在现实经济生活中，投机资本和投资资金有时可以相互转化。在市场上存在获取高额回报的投机机会时，国际投机资本会投向该领域，在短期内迅速获益。在短期内没有获取高额利益机会时，投机资本也可能转化为投资资金，投向实体产业部门。在出现新的投机获利机会时，投资资金会迅速转化为投机资本。尤其是在中国对外汇的管制较为严格的背景下，国际投机资本并不能任意进出

---

❶ 何泽荣、徐艳："论国际热钱"，载《财经科学》2004 年第 2 期。

❷ 冯菊平：《国际游资与汇率风险》，中国经济出版社 2006 年版，第 28 页。

❸ 刘光溪、陈嘉祥："论国际投机资本影响的中性化问题"，载《国际贸易》2009 年第 10 期。

❹ 王国刚、余维彬："'国际热钱大量流入中国'论评析"，载《国际金融研究》2010 年第 3 期。

❺ 张明："当前热钱流入中国的规模与渠道"，载《金融前沿》2008 年第 7 期。

❻ 王毅："我国热钱流入规模及影响因素的分析与思考"，载《金融发展评论》2011 年第 5 期。

中国，即使能够实现进出，成本也较高。因此，进入中国的投机资本的流动性会大打折扣，操作时间也会相对较长。

"但是，这种简单按照期限进行划分和界定的方法存在很多不足。一方面，随着国际金融市场的发展和金融工具的创新，长期和短期资本的界限日益模糊，期限较长的投资工具也往往有很高的流动性，即使在受到严格管制的市场上，长资短用或短资长用也并不鲜见。另一方面，这种划分的意义和必要性也备受质疑。一笔期限为一年以上的长期资本，如果剩余期限不足一年，其实与真正短期资本的区别并不大。世界银行专家 Claessens 按传统的划分标准对一些国家的国际收支进行了研究，结果发现借贷期限长短不一的资本流动对一国国际收支的影响是相似的。IMF 在《国际收支手册》第五版（1993）中也特别强调，根据一年（或不足一年）或一年以上的合同期限来划分长短期资产和负债的传统做法，只适用于实际期限比较固定的贸易信贷、贷款、存款以及各种应收款和应付款等其他投资领域，而对于许多国内和国际性交易而言，除合同的实际执行期限固定的以外，这一界线已毫无意义。为此，在《国际收支手册》第五版和第六版中，IMF 对原来的 BOP 表的结构和编制方法进行了较大调整，取消了长期资本和短期资本的分类，将资本和金融项目改按投资类型、信用主体和投资主体进行划分。我国的 BOP 表也已从 1997 年开始执行这一标准。联合国近些年来公布的国民经济核算体系（SNA）也将资本期限的长短淡化了。"❶

因此，应以资本的获利方式来判断其是否属于国际投机资本。国际投机资本一般具有短期资本的特征，但是如果长期资本也从事投机获利的行为，那么这种资本也属于本书指称的国际投机资本。

4. 国际投机资本的隐蔽性

在经济全球化的背景下，频繁流动的国际投机资本对世界经济的

---

❶ 时旭辉、范雯静："国际投机资本的界定与规模测算方法研究"，载《商业研究》2012 年第 7 期。

影响愈加深刻。在经历过多次的金融危机后，人们可以感觉到国际投机资本造成的影响。例如，2008 年爆发的越南金融危机中，越南的通货膨胀率达到 25%，越南盾以每天 5%～7% 的速度下跌，股市短时间内累计下挫 58%，首都胡志明市的房价下跌 55%。❶ 然而国际投机资本的诸多细节却无从知晓。经济学家在通过不同的方法推测国际投机资本的规模和获利数额，不过具体数字乃至计算方法仍有争论。人们可以描述国际投机资本的大致走向，但其操作过程还是神秘莫测。

在资本项目完全可兑换的国家，国际投机资本可以自由进出一国的金融市场，国际投机资本的流动是合法的。但是，中国的资本项目还没有实现完全可兑换，境外的国际投机资本不能随意进出中国。大量的国际投机资本是经过伪装而变相进入中国境内，或者通过地下钱庄的渠道入境。国际投机资本以逃避外汇监管的方式进入中国，是违反中国法律规定的。因此，国际投机资本会采用更为隐蔽的方式进出中国和开展投机活动。这些采取隐蔽措施的国际投机资本给中国的数据统计都带来了困难，加大了对其监管的难度。

二、国际投机资本产生的原因

(一) 资本的逐利本性

资本的逐利本性是国际投机资本产生的内在原因。国际投机资本是"以获利为目标，以投机交易为手段，在国际间迅速流动的大额短期资金"❷。国际投机资本追求的是高额利润，这是国际资本在不同国家之间流动的最终目的。根据资本资产定价模型理论，金融资本增值的原因为：国家间金融资本收益差异，不同国家和地区的资本市场风

---

❶ "越南金融危机隐现 海外热钱是罪魁祸首"，载《新华日报》2008 年 6 月 6 日。

❷ 唐旭、梁猛："中国贸易顺差中是否有热钱，有多少"，载《金融研究》2007 年第 9 期。

险程度差异，不同资本市场的效率差异。❶ 上述三个因素导致资本在国家间流动，资本从回报率低的国家流向回报率高的国家。获得更大的收益是国际投机资本产生和流动的动力所在。国际投机资本对市场行情非常敏感，或者说国际投机资本一般都伴随着市场行情的变化而流动。在一国的汇率、利率以及资产价格引致获利时机时，国际投机资本往往会出现大规模的流动。

世界范围内的发达市场经济国家普遍存在资本过剩的问题，在这些国家出现经济衰退、投资机会减少的情况下，大量资本急切寻求保值、增值的出路。根据马克思的国际价值理论，"如果资本输往国外，那么这种情况之所以发生，并不是因为它在国内已经绝对不能使用，而是因为它在国外能够按更高的利润率来使用"❷。在"冷战"结束以后，发展中国家以及处在经济转型期的原计划经济国家纷纷把注意力转向发展本国经济。这些国家往往存在外汇资金短缺和金融监管体制不健全等问题，国际投机资本在巨大利益的吸引下大量流入这些国家进行投机活动。

（二）国际金融自由化

在各有关国际经济组织的大力推动下，国际金融自由化不断深入发展，各国金融市场扩大开放，为国际投机资本的流动创造了条件。国际经济组织是在经济全球化的背景下产生的，各个国家通过国际经济组织的协调，开展经济合作，促进了国际金融自由化的进程。

国际货币基金组织是国际金融自由化的主要推动者。国际货币基金组织推动经常账户可兑换，主张排除外汇管制对国际贸易的干扰以促进资本账户自由化。当然，《国际货币基金组织协定》第 6 条第 3 款也允许成员国在必要时对国际资本转移采取必要的措施。

---

❶ 梅新育：《国际游资与国际金融体系》，人民出版社 2004 年版，第 125 页。
❷ ［美］帕德玛·德塞著：《金融危机，蔓延与遏制：从亚洲到阿根廷》，王远林等译，中国人民大学出版社 2006 年版，第 153 页。

包括金融业在内的服务贸易是世界贸易组织关注的重要领域之一。1997 年 12 月，70 个成员方签署了《金融服务协定》。《金融服务协定》进一步促进和规范了金融服务贸易的自由化。金融服务贸易的自由化便利了金融机构在世界范围内从事跨境服务活动，带动了国际资本的流动。

亚太经济合作组织的《资本流动自由化通则》开篇即明确提出，成员国应按规定逐步取消对资本转移的限制，以实现相互间有效的经济合作。通则的附件 A 分 a、b 两表列举了成员国应当给予资本流动自由化的交易项目。成员国一旦对 a 表所列项目实行资本流动自由化，则不得两次暂停恢复管制或采取任何保留做法。对于 b 表所列项目，允许成员国增加保留措施或暂时取消自由化义务。

（三）金融业务的发展

20 世纪中后期，全世界范围内的金融创新浪潮促进了国际投机资本的流动。国际金融创新为规避国际投机资本流动时遇到的各种风险提供了有效的保障措施。金融创新提高了资本流动及其在世界范围内配置的效率。放松资本管制、推出新的金融工具、形成新的国际金融市场、更新融资方式降低了国际投机资本流动的成本，提高了融资效率。

金融衍生工具为国际投机资本以较小资金获得更大利益提供了机会。金融衍生工具交易有很高的杠杆比率，投机者用较少的资金就可以控制大量的交易机会，使其具有比一般交易更大的盈利幅度。

金融资产证券化也促进了国际投机资本的发展。证券发行已超越国际银行贷款和直接投资而成为最重要的国际资本流动方式。证券资本具有更高的资本流动性，金融机构可以及时变更资产组合，提高资产的收益性和安全性。具有高流动性的证券资产有助于投机者更快地将资金投向收益高的领域。

此外，新技术的发展为建立庞大快捷的金融交易网络提供了条件。

现代化的金融交易网络实现了金融市场的"即时"交易，极大促进了国际投机资本的更快流动。

三、国际投机资本的来源

国际投机资本主要来源于投资基金、商业银行、私人资本和黑钱。

（一）投资基金中的资金

投资基金是投资者为了追求稳定收益而选择的一种理财工具。在全球金融市场联系日益紧密和投机机会日益增多的背景下，为了获得更高的收益，投资基金也从事国际投机活动。

投资基金主要包括共同基金、养老基金和对冲基金。共同基金是"由基金经理的专业金融从业者管理，向社会投资者公开募集资金以投资于证券市场的营利性的公司型证券投资基金。共同基金购买股票、债券、商业票据、商品或衍生性金融商品，以获得利息、股息或资本利得。共同基金通过投资获得的利润由投资者和基金经理分享"❶。"在过去的 20 年里，共同基金已经成为中小投资者重要的投资工具，最近美国共同基金的数量已经超过了在纽约证券交易所上市的证券数量。"❷ 国际投资主体通常委托共同基金管理其资产，这种委托为共同基金提供了大量资产。同时，共同基金资产组合的国际化程度通常高于其他机构投资者，监管部门对共同基金的海外投资管制通常也较为宽松。

养老基金是"一种用于支付退休收入的基金，是社会保障基金的一部分。养老基金通过发行基金股份或受益凭证，募集社会上的养老保险资金，委托专业基金管理机构用于产业投资、证券投资或其他项

---

❶　参见维基百科，http：//zh. wikipedia. org/wiki/% E5% 85% B1% E5% 90% 8C% E5% 9F% BA% E9% 87% 91，2014 年 7 月 6 日访问。

❷　格特·鲁文霍斯特："共同基金的起源"，王宇译，载《金融发展研究》2012 年第 12 期。

目的投资，以实现保值增值的目的"❶。养老基金是一些国家主要的机构投资者。在养老基金规模不断扩大的情况下，为了提高养老基金的流动性以避免将来不能支付收益，养老基金中的资金被大量投放到资本市场，成为国际投机资本的来源之一。

对冲基金也称避险基金或套期保值基金，是"采用对冲交易手段的基金，是金融期货和金融期权等金融衍生工具与金融工具结合后以营利为目的的金融基金"❷。对冲是指为了防止在赌博中损失而采用两方下注的方法，"套期保值常见的形式是在一个市场或资产上做交易，以对冲在另一个市场或资产上的风险，例如，某公司购买一份外汇期权以对冲即期汇率的波动对其经营带来的风险"❸。经过几十年的发展，对冲基金旗下的资产规模不断扩大。"2011 年 4 月，对冲基金管理的总资产规模触底反弹，估计有望达 2 万亿美元。2011 年 1 月，美国最大的 225 家对冲基金公司旗下就有 1.3 万亿美元，其中最大的是 Bridge-water Associates，其资产为 589 亿美元。"❹

（二）银行资金

银行资金是国际投机资本的重要来源。国际投机资本来源于银行的资金主要包括：投资银行及其他非银行金融机构的资金，银行的融资贷款，银行自身业务中的外汇。

投资银行及其他非银行金融机构拥有庞大的自有资本，其融资渠道也特别广泛。美国的摩根·斯坦利、美林，瑞士联合银行，日本的

---

❶ 参见百度百科，http://baike.baidu.com/view/1048893.htm? fr = aladdin，2014 年 7 月 6 日访问。

❷ 参见百度百科，http://baike.baidu.com/subview/10461/12988518.htm? fr = aladdin，2014 年 7 月 6 日访问。

❸ 参见百度百科，http://baike.baidu.com/subview/10461/12988518.htm? fr = aladdin，2014 年 7 月 6 日访问。

❹ 参见百度百科，http://baike.baidu.com/subview/10461/12988518.htm? fr = aladdin，2014 年 7 月 6 日访问。

野村证券、大和、日兴，法国里昂等是其中的典型代表。这些投资银行及其他非银行金融机构的业务之一就是从事短期投资活动。

（三）社会资本

这里的社会资本是指个人资本和企业资本。随着国际经济交往的日益深化，个人持有的资金也开始到国际金融市场中追求更高的收益。企业在经营活动中积累的或者闲置的资金也可以成为国际投机资本。

（四）黑钱

黑钱是黑社会组织所控制的黑色经济和灰色经济的产物，其规模已经非常庞大。黑钱取得合法外衣的途径主要是通过国际金融市场运作，一部分黑钱以国际投机资本的形式存在。

四、国际投机资本的获利方式

国际投机资本不但追逐国际间的利率差、汇价差，还以追逐资产价格差为目的。[1] 王毅也强调，国际投机资本不只是追求利差和汇差收益，还追求资产价格溢价收益。[2] 一般认为，国际投机资本的获利方式主要包括获取利率差收益、汇率差收益和价格差收益。

（一）获取利率差收益

获取利率差收益简称套利，"是指从两种货币的利差中获益。例如，由于日本经济长期处于萧条状态，日本银行被迫将日元名义利率长期保持在0.5%的水平上，因此就有很多国际投机者从日本商业银行借出日元，并兑换成其他货币（如人民币）。由于一年期人民币存款利率目前为4.14%，这就意味着即使国际投机者不从事任何金融

---

[1] 王军、齐银山、王梦潇："国际热钱流动的规模、趋势及其防范研究"，载《宏观经济研究》2010年第8期。
[2] 王毅："我国热钱流入规模及影响因素的分析与思考"，载《金融发展评论》2011年第5期。

投资，而仅仅把钱存到中国商业银行，每年就能获得 3.64% 的无风险收益率"❶。

利率的高低在很大程度上决定了国际投机资本的收益水平，进而引致国际投机资本在各国间的流动。国际投机资本往往从利率较低的国家流向利率较高的国家，直至各国间的利率大体相同时才停止下来。由于中国的利率市场化改革尚未完成，市场不能及时调节利率差异，人民币与主要外汇之间利差的存续时间较长，由此导致国际投机资本不断进出中国。因此，利率的差异是国际投机资本在中国流动的重要原因。

（二）获取汇率差收益

获取汇率差收益简称套汇，"是指从一种货币相对于另一种货币的升值中获益。例如，假如热钱在 2005 年 7 月人民币汇改前进入中国（当时人民币对美元汇率为 8.27），在 2007 年 4 月人民币对美元汇率'破 7'时撤出中国，则热钱可以赚取大约 15% 的收益"❷。

汇率差异是国际投机资本流动的另一个重要原因。汇率的高低与变化可以改变资本的相对价值，进而对国际投机资本的流动产生影响。近年来，对人民币的升值预期导致国际投机资本流入中国。2005 年之前，中美汇率一直比较平稳，中国于 2005 年 7 月开始进行人民币汇率形成机制改革，实行以市场供求为基础、参考"一篮子"货币进行调节、有管理的浮动汇率制度，人民币对美元开始不断升值。近年来美欧日等发达国家采取量化宽松货币政策，加大了人民币的升值压力，使人民币的升值预期进一步加强，导致中国成为诸多国际投机资本青睐的市场。

（三）获取价格差收益

获取价格差收益即"赚取资产升值收益，是指热钱通过投资一国

---

❶　张明、林晓红："当前热钱大规模流入我国的原因及对策"，载《中国党政干部论坛》2008 年第 7 期。

❷　张明、林晓红："当前热钱大规模流入我国的原因及对策"，载《中国党政干部论坛》2008 年第 7 期。

房地产市场或股票市场而赚取资产溢价"❶。近年来,中国房地产市场、证券市场、艺术品市场发展迅速,吸引了大量国际投机资本流入。大量资金的涌入又进一步推升了市场价格的上涨。在市场价格达到高点后,国际投机资本往往会迅速撤出,导致市场价格大幅下挫。农产品市场也是国际投机资本关注的领域。"中国西南旱情导致一些产业受灾越来越严重的时候,已有近万亿的资金通过各种渠道悄然布局,利用中国罕见的旱情,对与农产品和有色金属密切相关的产业实施'成本狙击'和'价格催涨',从中牟取暴利。"❷

第二节 国际投机资本投机炒作农产品的原因

近年来,进入中国的国际投机资本的数额较大,在证券市场和房地产市场等获利渠道受到限制的背景下,农产品市场成为国际投机资本继续牟利的目标。

一、进入中国的国际投机资本规模较大

(一)国际投机资本进入中国的渠道

"国际收支平衡表是反映一定时期一国同外国的全部经济往来的收支流量表。它是对一个国家与其他国家进行经济技术交流过程中所发生的贸易、非贸易、资本往来以及储备资产的实际动态所作的系统记录,是国际收支核算的重要工具。"❸ 国际收支平衡表可以据以划分国

---

❶ 张明、林晓红:"当前热钱大规模流入我国的原因及对策",载《中国党政干部论坛》2008 年第 7 期。

❷ 何丰伦:"万亿游资炒作农产品",载《农产品市场周刊》2010 年第 16 期。

❸ 国家统计局:"国际收支平衡表",载 http://www.stats.gov.cn/tjzs/tjcd/200308/t20030807_25330.html,2014 年 7 月 12 日访问。

际投机资本流入的渠道。我国的国际收支平衡表包括经常项目、资本与金融项目、储备资产和净误差与遗漏。储备资产项目由中国人民银行控制，其余三个项目下均可能有国际投机资本流入。

1. 经常项目渠道

经常项目指本国与外国进行经济交易而经常发生的项目，是国际收支平衡表中最主要的项目，包括货物与服务贸易、收益以及经常转移三类子项目。

（1）贸易渠道。

国际贸易包括货物贸易和服务贸易。货物贸易是通过海关进出口货物，主要包括进口和出口两个方面。"2013 年，我国货物贸易跨境收入较上年增长 11%，跨境支付增长 6%，收付总额 3.92 万亿美元，较上年增长 8%，增速回落 1 个百分点。全年，我国货物贸易跨境收付总额占非银行部门跨境收付总额的 68%，较 2012 年占比下降 3 个百分点。货物贸易跨境收付顺差 1433 亿美元，增长 1.44 倍，占全部跨境收付顺差的 69%，占比上升 17 个百分点。"❶

服务贸易主要包括运输、旅游、金融和保险、建筑安装、劳务、咨询等。"2013 年，服务贸易跨境收入增长 37%，支出增长 30%；跨境收付总额 9670 亿美元，增长 33%，增速高出货物贸易 25 个百分点，占整个跨境收付总额的 17%，较 2012 年增加 3 个百分点。"❷

国际投机资本通过贸易渠道流入的具体方式主要有：

第一，虚假出口贸易。虚假出口贸易是指事实上没有贸易，通过伪造出口单据来转移资金。自 1994 年开始，中国将经常项目和资本项目的管理分开，实行外贸收支结售汇制度。为简化贸易项下的外汇收

---

❶ 国家外汇管理局国际收支分析小组：《2013 年中国跨境资金流动监测报告》，2014 年 2 月 25 日。

❷ 国家外汇管理局国际收支分析小组：《2013 年中国跨境资金流动监测报告》，2014 年 2 月 25 日。

支，只要有单据就可以付汇、结汇。这就造成了单据的转移与实物的转移分离，只要境内外行为人合谋伪造出口单据，就可以将境外资金转移到国内。

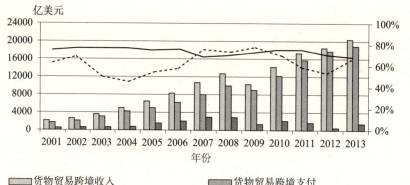

图 5－1　2001—2013 年货物贸易跨境收付情况

数据来源：国家外汇管理局。❶

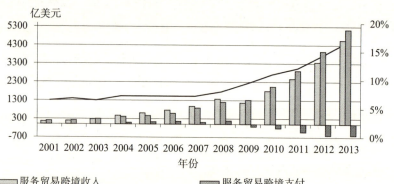

图 5－2　2001—2013 年货物贸易跨境收付情况

数据来源：国家外汇管理局。❷

第二，伪报进出口价格。伪报进出口价格是指境内外行为人合谋，通过低报货物进口价格、高报货物出口价格的方式少付或者多收外汇，实现境外国际投机资本的流入。境内行为人以高于正常价格的价格向境外行为人出口货物，境外行为人将高于正常额的资金汇入境内行为人的账户。同时，境内行为人可以以低于正常价格的价格从境外行为人处进口货物，境内行为人将少付的资金留在境内操作。

第三，预收或者延付货款。在目前的结算体系下，单据交割与实物转移之间存在一段间隔，作为货款的资金就有可能停留在中国国内从事投机活动。预收货款方式是指境内行为人出口货物时，境外行为人提前支付货款，实现将资金转移到中国使用的目的。延付货款方式是指境内行为人进口货物时，延期向境外行为人支付货款，实现将资金留在中国使用的目的。预收或者延付货款能够实现资金在一定时间内在中国国内使用，是一种变相的国际投机资本流入方式。国家外汇管理局颁布的《关于现阶段完善出口预收货款和转口贸易收汇管理有关问题的通知》规定，从 2005 年 6 月 1 日起，单笔额度在 20 万美元以上的预收款、转口贸易收汇等境外汇款，银行必须将之转入特定的待结汇账户。超过 20 万美元的预收款不准结汇，仍以外币形式存在，在货物出口取得相关单证后，才可以兑换成人民币使用。2008 年 12 月 23 日之后，上述额度降低至 3 万美元。但是，行为人通过小额多次预付的方式仍然可以达到流入国际投机资本的目的。

第四，境内外关联交易。境内外关联交易是指境内外的关联方之间转移资源。随着我国对外开放的发展，境内的许多加工企业成为跨国公司全球产业布局的组成部分，其生产经营、资金调度、经营收益与境外企业高度一致。境内的加工企业在母公司的统筹下可以实现对境内企业的利益调整，通过价格转移等方式使境外资金流入境内企业。

第五，来料加工贸易。来料加工是指境外企业将原材料等运交境内的加工企业，加工企业按照境外企业的要求将原材料加工成为成品。

来料加工贸易中原材料的所有权并未转移，境外企业按照劳动力等成本付给工缴费。2008 年 7 月实行的《出口收结汇联网核查办法》规定来料加工收汇比例为 30%，但在实际操作中，许多企业来料加工收汇比例并未达到 30%，其中的差额属于虚增的额度。因此，境外企业可以通过提高来料加工企业工缴费的方式将国际投机资本流入境内加工企业的账户。上述办法还规定，进料加工贸易出口可收汇额度等于 2008 年 7 月 1 日（含）之后企业进料加工贸易项下逐笔出口货物报关单成交总价之和。由于可结汇额度基于报关数据产生，即使进料加工项下存在抵扣或人民币结算的情况，系统给出的也是以出口报关总额为依据的结汇额度，而不是实际的收汇额度。这些在来料加工贸易中不必实际使用的收汇额度就可以被用来调入国际投机资本。

第六，保税区渠道。保税区是受一国海关监督和管理的允许境外货物在不办理进出口手续的情况下长期储存的区域。保税区是对外开放程度高、运作机制便捷的区域，货物享受免证、免税、保税等优惠政策。保税区存在出口核销制度不健全的问题，在资金流入和结汇上较难控制，境外国际投机资本有机会流入。

第七，技术服务费、设计费等服务贸易渠道。服务贸易的价格可参照性不强，近年来新的服务贸易方式不断出现，其价格很难有统一的标准。通过虚假合同、伪报价格、关联方交易等手段都可以实现将国际投机资本转移到中国境内。此外，技术服务费、设计费、委托费等价格弹性较大，容易被利用转移国际投机资本。"比如有 500 万热钱要进入内地，通过 CI 设计、项目论证、课题转包、委托费用等，其中的操作空间非常大。在合同上，你愿意给，我愿意接受，10 万不算少，100 万不算多，1000 万也合理，这怎么监控？"❶

---

❶ 胡俊华、马骏骎："热钱流入路径诡异 三部门围堵恐难奏效"，载 http://forex. hexun. com/2008 – 07 – 04/107180237. html，2014 年 7 月 13 日访问。

（2）收益项目渠道。

在国际收支平衡表中，收益项目包括职工报酬和投资收益。虽然职工报酬数额不大，但是如果境外公司假借数量庞大的职工的报酬名义，也是可以将国际投机资本转移到中国境内的。投资收益包括直接投资、证券投资和其他投资的收益。从境外收回的投资收益中可能混杂着国际投机资本，投资收益也是国际投机资本流入的一个渠道。

（3）经常转移项目渠道。

国际收支平衡表中的经常转移包括所有非资本性质的单方面转移，如侨汇、工人汇款、无偿捐赠、赔偿等。经常转移项下流入的资金数额和用途均不受限制，国际投机资本可能通过该渠道流入中国境内。

2. 资本与金融项目渠道

在国际收支平衡表中，"资本与金融账户由资本账户与金融账户两部分组成。资本账户包括资本转移和非生产、非金融资产的收买或放弃"[1]。"其中资本转移包括固定资产所有权的转移，同固定资产收买或放弃相联系的或以其为条件的资金转移，债权人不索取任何回报而取消的债务。"[2] "非生产、非金融资产的收买或放弃包括专利、版权、商标、经销权等各种无形资产以及租赁或其他可转让合同的交易。"[3] 金融项目一般划分为直接投资、证券投资和其他投资。"2013 年前三季度，资本和金融项下净流入 1992 亿美元，对外汇储备资产增加的贡献率为 66%，2012 年同期为净流出 368 亿美元。据初步统计，2013 年全年资本和金融项目（含误差与遗漏）顺差 2427 亿美元，对外汇储备资产增加的贡献率为 56%，上年可比口径为逆差 966 亿美元。"[4]

国际投机资本通过资本与金融项目可能流入的渠道包括：

---

❶ 易纲、张磊：《国际金融》，上海人民出版社 1999 年版，第 25 页。
❷ 易纲、张磊：《国际金融》，上海人民出版社 1999 年版，第 25 页。
❸ 易纲、张磊：《国际金融》，上海人民出版社 1999 年版，第 25 页。
❹ 国家外汇管理局国际收支分析小组：《2013 年中国跨境资金流动监测报告》，2014 年2 月 25 日。

（1）直接投资渠道。

直接投资是外国投资者在一国设立企业等经济存在形式的投资方式。直接投资者要对企业经营管理施加影响。"直接投资不仅包括投资者与企业初期建立关系时的交易，而且包括他们之间以及他们与公司型和非公司型附属企业之间以后所有的交易。直接投资者须拥有企业10%或以上的普通股或投票权。直接投资资本交易包括股本资本、再投资收益和其他资本（指直接投资者与子公司、分支机构及联营企业之间各类资金的借贷）。"❶ 我国对外商直接投资采取鼓励政策，对直接投资资金的货币兑换基本没有限制。

"2013年，来华直接投资流入1909亿美元，较上年增长12%；流出524亿美元，增长62%；净流入1385亿美元，与上年基本持平。其中，投资资本金净流入1199亿美元，增长3%，占整个来华直接投资净流入的87%，较上年增长3个百分点；股东贷款等债务往来净流入186亿美元，减少18%，占比13%，较上年下降3个百分点。全年投资资本金结汇1045亿美元，资本金结汇率71%（即来华直接投资资本金结汇/资本金流入），较上年下降4个百分点；净结汇958亿美元，增长9%。"❷

国际投机资本利用直接投资渠道进入我国境内的方式有：

第一，虚假外资企业。境外投资者在外商投资企业的注册资本中占有较高比例，将可以分期缴付的注册资本金一次性汇入中国境内并迅速结汇。但事实上，这些外商投资企业并非真正从事生产经营活动，建立外商投资企业是为了达到国际投机资本流入的目的。

第二，返程投资。返程投资是境内投资者通过在境外设立特殊目的公司对境内开展直接投资活动。境内投资者在境外设立特殊目的公

---

❶ 易纲、张磊：《国际金融》，上海人民出版社1999年1月版，第26页。
❷ 国家外汇管理局国际收支分析小组：《2013年中国跨境资金流动监测报告》，2014年2月25日。

司后返程在境内成立外商投资企业或者并购境内企业。境外的特殊目的公司将境外资金通过境内外商投资企业调回使用。境内外商投资企业的经营范围往往较广，一般会与未来的投机领域相关联，并伺机开展投机活动。

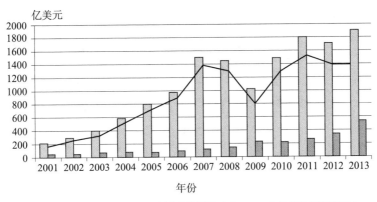

图 5 – 3 2001—2013 年来华直接投资情况

数据来源：国家外汇管理局。❶

第三，假借追加投资。外商投资企业假借增加流动资金的名义，将境外资金调入境内。这部分资金可以在转化为人民币资产后伺机牟利。

（2）证券投资渠道。

证券投资，"指为取得一笔预期的固定货币收入而进行的投资，它对企业的经营没有发言权。证券投资资本交易包括股票，中长期债券，货币市场工具和衍生金融工具，如期权。投资的利息收入或支出按净额记录在经常项目下，本金还款记录在金融账户下"❷。

目前我国对境外资本证券投资管理较严，实行 QFII（合格的境外

---

❶ 国家外汇管理局国际收支分析小组：《2013 年中国跨境资金流动监测报告》，2014 年 2 月 25 日。

❷ 易纲、张磊：《国际金融》，上海人民出版社 1999 年版，第 26 页。

机构投资者）制度。在 QFII 制度下，外国专业投资机构到境内投资要经过资格认定，境外资金的证券投资受到严格的监控。因此，境外国际投机资本持有者通过证券投资的渠道流入资金较为困难。

（3）其他投资渠道。

其他投资是指所有直接投资、证券投资之外的金融交易。其他投资包括长、短期的贸易信贷、贷款、货币和存款以及应收款项和应付款项。长期投资是原始合同期限为一年以上或无限期的投资，短期投资是随时可能支付或期限为一年或一年以下的投资。❶

国际投机资本流入的其他投资渠道主要有：

第一，贸易信贷。这里的贸易信贷是指在进出口的采购、打包、储运、结算等各个环节获得的银行融资。贸易信贷表现为银行承兑、贴现票据、对进出口商提供押汇等。"从短期外债构成看，与贸易有关的信贷余额为 4461 亿美元，占短期外债余额的 71%，其中，企业间贸易信贷占 52%，银行贸易融资占 19%。同时，中长期外债余额 1900 亿美元，较上年末下降 3%。"❷

第二，外汇抵押贷款。采用这种方式的行为人以外汇作为抵押向商业银行申请人民币贷款，然后投入到可以投机的领域。行为人利用银行扩大外汇业务的心理，有时可以获得不计息的人民币贷款。一些行为人以外汇抵押取得人民币贷款后故意违约，以无法偿还贷款为由用抵押的外汇清偿，从而变相结汇。

2013 年前三季度，中国"非直接投资（包括证券投资和其他投资）净流入 845 亿美元，上年同期为净流出 1685 亿美元。其中，我国对外证券投资净回流 56 亿美元，同比下降 19%；外国来华证券投资净流入 396 亿美元，同比增长 33%。我国对外的贷款、贸易信贷以及持

---

❶ 易纲、张磊：《国际金融》，上海人民出版社 1999 年版，第 26 页。
❷ 国家外汇管理局国际收支分析小组：《2013 年中国跨境资金流动监测报告》，2014 年 2 月 25 日。

有的境外存款等资产增加 848 亿美元，同比减少 56%；我国企业等对外负债增多，其他投资项下对外负债净流入 1352 亿美元，2012 年同期为净流出 29 亿美元"❶。

3. 非法渠道

非法渠道主要是指非法携带外币现钞入境和通过地下钱庄流入。国际投机资本通过经常项目、资本与金融项目流入境内是以合法的形式掩盖其流入境内投机的目的，而非法携带外币现钞入境和通过地下钱庄流入本身即是违法犯罪行为。

（1）非法携带外币现钞入境。

非法携带外币现钞入境是指境外行为人利用边境口岸检查不严等漏洞携带外币现钞入境，再将外币现钞兑换为人民币进行投机活动。"目前，违规携带货币入境已成为'热钱'流入的渠道之一。2010 年 1 月 1 日至 3 月 21 日，仅广州白云机场海关就查获未向海关申报货币进出境案 47 宗，案值折合人民币约 4507 万元，比去年同期大幅增长 46.9% 和 63%，其中共有 32 宗货币案的案值超过人民币 50 万元，占案件总数的 68%。"❷ 虽然每人次非法携带的外币现钞数量有限，但是采用"蚂蚁搬家"的方式也可以积累大量资金。

（2）通过"地下钱庄"流入。

"地下钱庄"是民间对从事非法金融业务组织的俗称。"地下钱庄"的主要业务包括非法吸收公众存款、非法拆借资金、发放高利贷、非法买卖外汇，以及非法典当和私募基金等。❸ 通过"地下钱庄"进行非法外汇兑换业务具有隐蔽性，"地下钱庄"已经成为国际投机资本进入中国境内的一个重要渠道。

---

❶ 国家外汇管理局国际收支分析小组：《2013 年中国跨境资金流动监测报告》，2014 年 2 月 25 日。

❷ 蔡岩红："违规携带货币入境已成'热钱'流入渠道"，载《法制日报》2010 年 3 月 21 日。

❸ 顾列铭："地下钱庄何去何从"，载《上海经济》2008 年第 9 期。

国际投机资本通过地下钱庄进行非法外汇兑换业务的流程为：境外国际投机资本持有者将外币、支票或者现金通过转账等方式送交境外地下钱庄，境外地下钱庄收到外币后，通知其境内合作伙伴将相应的人民币转账或者送交境外投机者指定的人，从而实现国际投机资本进入中国境内的目的。通过地下钱庄进行非法外汇兑换业务并没有增加境内的资金量，但是境内的人民币被投机者持有，能够被用来从事投机活动。

（二）进入中国的国际投机资本的规模

由于国际投机资本的隐蔽性，对其规模的估算也具有一定的主观性。目前尚未形成统一的对国际投机资本的估算方法，不同的估算方法得出的结论也可能大相径庭。本书无意明确国际投机资本的确切数目，只是希望借此说明国际投机资本的大致规模。

1. 测算国际投机资本的主要方法

（1）直接法。

直接法也称 BOP 表法，是从 BOP 表中采集数据，直接相加得到短期国际资本流动规模的方法。

其基本测算公式：短期国际资本流动净额 = 私人非银行部门的短期资本项目 + 误差与遗漏项目。其中右边第一项是 BOP 表反映的短期国际资本流动净额；第二项代表未被记录的（表外的）短期国际资本流动净额，它出现在借方表示隐蔽的短期国际资本流出，出现在贷方表示隐蔽的短期国际资本流入。❶

（2）间接法。

间接法是用外汇储备增量减去 BOP 表中的几个项目，得到国际投机资本流动规模的方法。

---

❶ 时旭辉、范雯静："国际投机资本的界定与规模测算方法研究"，载《商业研究》2012 年第 7 期。

其计算公式为：国际投机资本流入净额 = 外汇储备增量 − 贸易顺差 − FDI 净流入 − 外债增量。❶

（3）混合法。

混合法是直接法与间接法的综合。如果说直接法是用加法，间接法是用减法，那么混合法则是加法和减法的并用。

其计算公式为：国际投机资本流入净额 = 误差与遗漏项（流入）+（各项可识别的资本流入之和 − 各项正常的对外债务的增量之和）。❷

2. 进入中国的国际投机资本的大致数额

作为国家外汇管理的官方机构，国家外汇管理局在《2010 年中国跨境资金流动监测报告》中采用间接法测算热钱规模。该报告认为，实践中难以准确掌握国际资本流动的真实动机和存续期限，在"热钱"规模测算上没有严格的定义和标准。目前国际上较流行的分析思路主要有直接测算法和间接测算法或称残差法。该报告在估算我国"热钱"规模时借鉴了间接测算法，同时结合我国实际，在储备增量和剔除项目上进行了调整。其具体公式为：热钱流动净额 = 外汇储备增量 − 外贸顺差 − 直接投资净流入 − 境外投资收益 − 境外上市融资。2003—2010 年，"热钱"合计净流入近 3000 亿美元，具体数据如表 5 − 1 所示。

表 5 − 1 2001—2010 年我国"热钱"流动净额估算

（单位：亿美元）

年份	外贸顺差①	直接投资净流入②	境外投资收益③	境外上市融资④	前四项合计⑤ = ① + ② + ③ + ④	外汇储备增量⑥	"热钱"流动净额⑦ = ⑥ − ⑤
2001	225	398	91	9	723	466	− 257
2002	304	500	77	23	905	742	− 163

❶ 时旭辉、范雯静："国际投机资本的界定与规模测算方法研究"，载《商业研究》2012 年第 7 期。

❷ 时旭辉、范雯静："国际投机资本的界定与规模测算方法研究"，载《商业研究》2012 年第 7 期。

续表

年份	外贸顺差①	直接投资净流入②	境外投资收益③	境外上市融资④	前四项合计⑤=①+②+③+④	外汇储备增量⑥	"热钱"流动净额⑦=⑥-⑤
2003	255	507	148	65	974	1377	403
2004	321	551	185	78	1136	1904	768
2005	1021	481	356	206	2063	2526	463
2006	1775	454	503	394	3126	2853	-273
2007	2643	499	762	127	4032	4609	577
2008	2981	505	925	46	4457	4783	326
2009	1957	422	994	157	3530	3821	291
2010	1831	467	1289	354	3941	4696	755
合计	13313	4784	5330	1459	24886	27777	2890

注：外贸顺差数据来自海关，直接投资（非金融领域）数据来自商务部，境外上市融资数据来自证监会，境外投资收益数据来自外汇局。❶

　　德意志银行于 2008 年发布了由经济学家迈克尔－佩蒂斯（Michael Pettis）撰写的报告，认为 2008 年头四个月中国官方储备增幅为 2300 亿美元，这可能低于实际流入量，实际热钱流入量可能达到 3700 亿美元。❷

　　而一些学者估算的国际投机资本数额则远远高于上述规模。周虎群等将国际游资流入渠道归纳为合法渠道与非法渠道两类；为了尽量全面地估计国际游资通过合法渠道的流入规模，在合法渠道下又进一步分为经常项目渠道（包括贸易渠道、经常转移、投资收益渠道）和资本与金融项目渠道。非法渠道的国际游资流入量近似地以错误与遗漏项的修正值表示，公式为：错误与遗漏项（修正）=储备资产（修

---

❶ 参见国家外汇管理局国际收支分析小组：《2010 年中国跨境资金流动监测报告》，2011 年 2 月 17 日。

❷ 谢春凌："浅析流入我国境内国际热钱规模的估算方法"，载《新金融》2009 年第 10 期。

正）－经常项目－资本与金融项目。2002 年至 2008 年通过非法渠道流入我国的国际游资规模约为 3823.24 亿美元。合法渠道下经常项目渠道中国际游资的估算为：2004 年至 2008 年通过贸易渠道流入我国的国际游资为 68 亿、211 亿、432 亿、803 亿、1092 亿美元；2005 年、2006 年、2007 年和 2008 年投资收益应为 11.5 亿、61.6 亿、111.7 亿和 161.7 亿美元，而实际分别为 91.2 亿、131.7 亿、213.5 和 250.4 亿美元，它们的差额分别为 79.7 亿、70.1 亿、101.8 亿和 88.7 亿美元，2005 年至 2007 年通过投资收益流入的国际游资合计 340.2 亿美元；2002 年至 2008 年我国非官方官方经常转移分别为 96 亿、110 亿、125 亿、140 亿、154 亿、169 亿、184 亿美元，流入我国的国际游资分别为 35 亿、66 亿、105 亿、116 亿、139 亿、220 亿、275.8 亿美元，合计 956.8 亿美元。合法渠道下 2002—2008 年资本与金融项目渠道国际游资流入规模余额为 4764.1 亿美元。而这只是一个上限的概念，即潜在的长线投机资金的最大值。由于正常的投资资金与非正常的投机资金可相互转化，这些资金中总有一部分是正常的投资和经营的资金。这里假定在这些长线投机资金中有 50% 转变为真实投资，那么目前在国内带有投机性质的长线投机资金的存量也将接近 2382 亿美元。周虎群等的最终结论为：2002 年至 2008 年国际游资流入额大约为 1.2 万亿美元，这是个国际游资上限值，如果资本与金融项目下的长线投机资金中有 50% 转变为真实投资，那么 2002 年至 2008 年国际游资流入额大约为 1.01 万亿美元，此值仅供参考。❶

　　张明等通过全面调整外汇储备增量，考虑贸易顺差和 FDI 中隐藏的热钱，以公式"调整后的外汇储备增加额 － 贸易顺差 － FDI ＋ 贸易顺差中隐藏的热钱 ＋ FDI 中隐藏的热钱"进行计算。得出的结论为：2003—2008 年第一季度的热钱流入规模分别为 956 亿、1398 亿、5410

　　❶　周虎群、李富有、刘一瑾："中国国际游资流入规模测算、影响因素的实证分析"，载《人文杂志》2011 年第 1 期。

亿与 964 亿美元，这 21 个季度累计流入热钱 12032 亿美元，占 2008 年 3 月底外汇储备存量的 72%。2003—2008 年第一季度，热钱在中国的投资收益分别为 263 亿、1 亿、1827 亿、29223 亿、23414 亿、－6056 亿元人民币，累计 48672 亿元人民币。2003—2008 年第一季度，累计流入中国的热钱为 12032 亿美元，热钱在中国的累计收益为 5510 亿美元（以 2008 年 3 月 31 日汇率计算），二者之和为 17542 亿美元，约为 2008 年 3 月底中国外汇储备余额的 104%。❶

虽然不同的文献对国际投机资本的估算数额大相径庭，但是得出的结论最低为几千亿美元，折合 2 万亿元人民币。如此庞大规模的国际投机资本在中国境内伺机投机，必将对中国的经济产生影响。

二、国际投机资本在中国的投机渠道受限

近年来，国际投机资本在中国的主要投机领域包括房地产市场、证券市场、艺术品市场、农产品市场等。中国对房地产市场和证券市场国际投机资本的管控较为严格，这在很大程度上限制了国际投机资本的投机渠道。为了继续获得高额收益，国际投机资本会加强在农产品等领域的投机活动。

（一）中国对房地产领域国际投机资本的管控

1. 中国房地产领域的国际投机资本

近 10 年来，中国的房地产价格总体上呈现持续上涨态势。随着人民生活水平的提高，居民购置自用房屋或改善性住房的刚性需求愈发强烈，这在一定程度上推动了中国房地产市场的发展。房地产业是中国近年来国民经济的支撑产业，对经济的发展贡献颇多。地方政府对土地财政严重依赖，作为房地产开发成本的巨额的土地出让费不但抬高了房地产价格，而且使公众产生了政府会维持房地产价格不下跌的

---

❶ 张明、徐以升："全口径测算中国当前的热钱规模"，载《当代亚太》2008 年第 4 期。

心理预期，持续加大对房地产的投资。"房地产具有非常强烈的保值增值特性，这就为热钱进入房地产市场上了双保险——资产增值和人民币升值。由于近几年我国房地产市场的火爆，热钱进入我国房地产市场后将获得远高于其他成熟市场国家的收益率，特别是特大城市如上海的年收益率可达20%～50%，北京8%～15%，大大高于美国房地产投资的平均年收益率6%～7%、日本的4%左右。"❶

中国房地产业的高额利润吸引国内外的资金投向该领域。根据仲量联行发表的全球房地产投资报告，"2006 年在中国的直接房地产投资已达91.9 亿美元，比 2005 年增长近70%"❷。在投向中国房地产业的境外资金中，有外商直接投资的资金，也有国际投机资本。"近几年来房地产市场持续火热，价格涨幅在 12% 以上，远远超过消费物价指数，尤其以北京、上海为最。据零点咨询公司 2006 年调查，太原商品房的购买者中 80% 是非本市居民，北京、大连是 60%，郑州是 55%，据该调查判断，我国的房地产市场被投机资金操纵的可能性很大。"❸ 国家外汇管理局发布公告称，在 13 个外汇业务量较大的省（市）组织开展应对和打击"热钱"专项行动中，非现场排查跨境交易 347 万笔，累计排查金额 4400 多亿美元。外汇管理局表示，"热钱"违规流入的主要渠道集中在传统的贸易和投资领域，流入后有的直接或辗转流入房地产等热点领域。❹

国际投机资本进入中国房地产市场主要有如下几种方式：

（1）境外投机资本持有者直接购买境内的房地产。"2006 年 10 月底，境外投资者在国内房地产领域投资约 40 亿美元，占同期国内全部

---

❶ 杜辉、张建坤："热钱对我国房地产业的不利影响及对策"，载《房地产市场》2006 年第 12 期。

❷ 潇琦："大量外资继续涌向中国房地产业 如何加大力度堵'热钱'？"，载《北京房地产》2007 年第 5 期。

❸ 武宇琼："国际热钱对中国房地产市场的影响研究"，载《江苏商论》2014 年第 7 期。

❹ "外管局：热钱流入房地产现象确实存在"，载《中国房地信息》2010 年第 7 期。

房地产投资总量（包括土地市场交易）的 3%，主要投资城市集中在北京、上海、广州三地。"❶

（2）境外投机资本持有者的外汇流入境内结汇后以人民币购买房地产。"截至 2006 年 10 月底，非居民投入到房地产市场的资金净流入超过 13 亿美元。"❷ "2005 年 2 月，摩根斯坦利耗资两亿美元买下上海世界贸易大厦，当时均价 3000 美元/平方米，而到 2006 年 5 月价格上涨至约 4000 美元/平方米，一年多时间上涨约 30%。"❸

（3）隐藏在直接投资资金中设立外资房地产公司。"截至 2006 年 10 月底，仅上海市外资房地产企业数量就占到了全市房地产企业总数的 7%，外资房地产企业注册资金占全市房地产企业注册资金的 27%。而在 2005 年，外资以直接设立外资房地产公司或参股境内房地产开发企业的方式注入房产类企业的资本金约占当年外商直接投资额的 10%。"❹ 但是，设立外资房地产公司的直接投资资金为长期投资的则不宜认定为国际投机资本。

（4）以地产基金或者其他金融手段进入房地产市场。"此类基金既不是房地产的实际使用者，也不是长期投资者，而是想通过金融手段套利的投资者（比如海外基金）。在实践中，房地产开发公司和房地产投资信托基金（REITs）海外上市多数是通过红筹途径，大量外资通过这条途径进入国内房地产市场。"❺

---

❶ 潇琦："大量外资继续涌向中国房地产业 如何加大力度堵'热钱'?"，载《北京房地产》2007 年第 5 期。

❷ 潇琦："大量外资继续涌向中国房地产业 如何加大力度堵'热钱'?"，载《北京房地产》2007 年第 5 期。

❸ 刘轶、史运昌："热钱对房地产价格的影响"，载《广东金融学院学报》2009 年第 6 期。

❹ 潇琦："大量外资继续涌向中国房地产业 如何加大力度堵'热钱'?"，载《北京房地产》2007 年第 5 期。

❺ 潇琦："大量外资继续涌向中国房地产业 如何加大力度堵'热钱'?"，载《北京房地产》2007 年第 5 期。

2. 中国限制境外资金进入房地产市场的措施

国际投机资本对中国房地产市场的影响主要表现在：抬高房地产行业的价格，助长了房地产市场的经济泡沫；加剧房地产市场的供给结构不合理；增加了房地产金融体系的潜在风险；热钱出逃将对房地产市场造成不稳定影响。❶"分析表明，热钱对一二线城市的住房销售价格指数均有较大的影响，且对一线城市的影响更大。因此，必须合理利用境外流入资本，抑制我国一二线城市房地产市场的过度投机行为。"❷为了保持房地产市场价格的稳定，中国自 2006 年相继出台了一系列规范外资进入房地产行业的措施：建设部、商务部、发改委、中国人民银行、工商行政管理总局、国家外汇管理局于 2006 年 7 月 11 日发布了《关于规范房地产市场外资准入和管理的意见》，国家外汇管理局、建设部于 2006 年 9 月 1 日发布了《关于规范房地产市场外汇管理有关问题的通知》，商务部、外汇管理局于 2007 年 5 月 23 日发布了《关于进一步加强、规范外商直接投资房地产业审批和监管的通知》。上述文件的主要内容如下。

（1）规范外商投资房地产市场准入。

第一，境外机构和个人在境内投资购买非自用房地产，应当遵循商业存在的原则，按照外商投资房地产的有关规定，申请设立外商投资企业；经有关部门批准并办理有关登记后，方可按照核准的经营范围从事相关业务。

第二，外商投资设立房地产企业，投资总额超过 1000 万美元（含 1000 万美元）的，注册资本金不得低于投资总额的 50%。投资总额低于 1000 万美元的，注册资本金仍按现行规定执行。

---

❶ 黎友焕："境外热钱对我国房地产市场的影响及其对策研究"，载《金融与经济》2008 年第 2 期。

❷ 林晓燕、胡明志："热钱流入对我国一二线城市房价指数的影响"，载《汕头大学学报（人文社会科学版）》2012 年第 4 期。

第三，设立外商投资房地产企业，由商务主管部门和工商行政管理机关依法批准设立和办理注册登记手续，颁发一年期《外商投资企业批准证书》和《营业执照》。

第四，外商投资房地产企业的股权和项目转让，以及境外投资者并购境内房地产企业，由商务主管等部门严格按照有关法律法规和政策规定进行审批。

第五，境外投资者通过股权转让及其他方式并购境内房地产企业，或收购合资企业中方股权的，须妥善安置职工、处理银行债务，并以自有资金一次性支付全部转让金。对有不良记录的境外投资者，不允许其在境内进行上述活动。境外机构和个人通过股权转让及其他方式并购境内房地产企业，或收购合资企业中方股权，未能以自有资金一次性支付全部转让款的，外汇局不予办理转股收汇外资外汇登记。

第六，外商投资从事房地产开发、经营，应遵循项目公司原则。申请设立房地产公司，应先取得土地使用权、房地产建筑物所有权，或已与土地管理部门、土地开发商/房地产建筑物所有人签订土地使用权或房产权的预约出让/购买协议。未达到上述要求，审批部门不予批准。已设定外商投资企业新增房地产开发或经营业务，以及外商投资房地产企业从事新的房地产项目开发经营，应按照外商投资有关法律法规向审批部门申请办理增加经营范围或扩大经营规模的相关手续。

第七，严格控制以返程投资方式（包括同一实际控制人）、并购或投资境内房地产企业。境外投资者不得以变更境内房地产企业实际控制人的方式，规避外商投资房地产审批。外汇管理部门一经发现以采取蓄意规避、虚假陈述等手段违规设立的外商投资房地产企业，将对其擅自汇出资本及附生收益的行为追究其逃骗汇责任。

（2）加强外商投资企业房地产开发经营管理。

第一，外商投资房地产企业注册资本金未全部缴付的，未取得《国有土地使用证》的，或开发项目资本金未达到项目投资总额35%

的，不得办理境内、境外贷款，外汇管理部门不予批准该企业的外汇借款结汇。外商投资房地产企业注册资本未全部缴付的，或未取得《国有土地使用证》的，或开发项目资本金未达到项目投资总额的35%的，不得向境外借用外债，外汇局不予办理外债登记和外债结汇核准。

第二，外商投资房地产企业的中外投资各方，不得以任何形式在合同、章程、股权转让协议以及其他文件中订立保证任何一方固定回报或变相固定回报的条款。外商投资房地产企业的中外投资各方，在合同、章程、股权转让协议以及其他文件中订立保证任何一方固定回报或变相固定回报条款的，外汇局不予办理外商投资企业外汇登记或登记变更。

第三，外商投资房地产企业应当遵守房地产有关法律法规和政策规定，严格执行土地出让合同约定及规划许可批准的期限和条件。有关部门要加强对外商投资房地产企业开发、销售等经营活动的监管，发现囤积土地和房源、哄抬房价等违法违规行为的，要根据有关规定严肃查处。

第四，境外投资者在境内从事房地产开发或经营业务，应当遵守商业存在原则，依法申请设立外商投资房地产企业，按核准的经营范围从事相关业务。外商投资房地产企业的中外投资各方，不得以任何形式订立保证任何一方固定回报或变相固定回报的条款。

第五，对地方审批部门违规审批外商投资房地产企业，商务部将予以查处纠正，外汇管理部门对违规设立的外商投资房地产企业不予办理外汇登记等手续。

第六，境外机构和个人在境内银行开立的外国投资者专用外汇账户内的资金，不得用于房地产开发和经营。

（3）严格境外机构和个人购房管理。

第一，境外机构在境内设立的分支、代表机构（经批准从事经营房地产业的企业除外）和在境内工作、学习时间超过一年的境外个人可以购买符合实际需要的自用、自住商品房，不得购买非自用、非自住商品房。在境内没有设立分支、代表机构的境外机构和在境内工作、学习时间一年以下的境外个人，不得购买商品房。港澳台地区居民和华侨因生活需要，可在境内限购一定面积的自住商品房。

第二，符合规定的境外机构和个人购买自用、自住商品房必须采取实名制，并持有效证明（境外机构应持我国政府有关部门批准设立驻境内机构的证明，境外个人应持其来境内工作、学习，经我方批准的证明）到土地和房地产主管部门办理相应的土地使用权及房屋产权登记手续。房地产产权登记部门必须严格按照自用、自住原则办理境外机构和个人的产权登记，对不符合条件的不予登记。

第三，外汇管理部门要严格审核外商投资企业、境外机构和个人购房的资金汇入和结汇，符合条件的允许汇入并结汇；相关房产转让所得人民币资金经合规性审核并确认按规定办理纳税等手续后，方允许购汇汇出。境内分支、代表机构和境外个人转让所购境内商品房取得的人民币资金，经商品房所在地国家外汇管理局分支局、外汇管理部（简称"外汇局"）审核确认以下文件后，方可购汇汇出：购汇申请书；商品房转让合同；房屋权属转让的完税证明文件。

此外，中国国务院和有关部委也出台了调控房地产价格的一系列文件。2010 年，国务院发布了《关于促进房地产市场平稳健康发展的通知》，从市场供给、市场需求、市场监管、住房保障、地方责任、信贷 6 个方面对房地产市场进行调控，通知提出了 11 项具体措施。2010 年 4 月 17 日，国务院发出了《关于坚决遏制部分城市房价过快上涨的通知》。2010 年 9 月 29 日，住房和城乡建设部、国土资源部、监察部联合出台的《对各地进一步贯彻落实国务院坚决遏制部分城市房价过快上涨通知提出四项要求》指出，房价过高、上涨过快、供应紧张的城市，要在一定时间内限定居民家庭购房套数。此后，各地限购令纷纷出台。虽然上述一系列措施并不针对国际投机资本的持有者，但是严格的调控措施使得已经进入中国境内的国际投机资本很难大举进入房地产市场。

在中国规范外资进入房地产市场的措施和严格的房地产市场调控措施的综合作用下，进入房地产行业的境外资金逐渐减少。"2008 年下半年受国际金融危机影响，实际利用外资降幅逐月增大；2009 年延续了 2008 年下半年的势头继续下降，降低 35.5%；2010 年房地产领域实际使用外资额开始反弹，增长 66%；2011 年继续增加，但增速回降；2012 年，房地产外资比例下降 50%；到 2013 年前半年，外资占房地产开发资金的比例下降到 0.4% 左右。"❶ 上述数据说明，以各种方式出现的国际投机资本进入房地产市场的渠道被限制，获利空间被压缩。

（二）中国对证券市场境外资本的管控

自 2006 年下半年开始，中国证券市场复苏。虽然中国证券市场历经震荡，但是在全球金融市场投资机会较少时，中国证券市场无疑成为国际投机资本觊觎的投资场所。但是，中国对证券市场的管控非常严格，外资进入境内证券市场必须符合 QFII 的条件。QFII（Qualified Foreign Institutional Investors）意指"合格境外机构投资者"。据国家外汇管理局的统计，合格境外机构投资者（QFII）项下资金流动状况为："2013 年，汇入资金 139 亿美元，较上年增长 51%；汇出资金 17 亿美元，上升 17%；净汇入资金 122 亿美元，增长 58%。截至 2013 年年底，累计批准 228 家 QFII 机构共计 497 亿美元的境内证券投资额度，QFII 机构累计汇入投资资金 433 亿美元，累计汇出资金 76 亿美元，累计净汇入资金 357 亿美元。2013 年，国家外汇管理局在保持 QFII 额度审批频率的同时，适度放宽了 QFII 额度规模，带动 QFII 流入规模较快增长。与之相对应，随着流入金额和资产存量的上升，主要由收益汇

---

❶ 武宇琼："国际热钱对中国房地产市场的影响研究"，载《江苏商论》2014 年第 7 期。

出和开放式基金正常赎回所构成的 QFII 项下资金汇出规模也达到历史最高水平。"❶

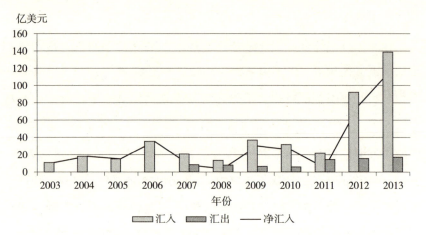

图 5 - 4   2003—2013 年 QFII 资金汇出入情况

数据来源：国家外汇管理局。❷

中国关于合格境外机构投资者制度的主要法律文件包括：中国证券监督管理委员会、中国人民银行于 2002 年 11 月 5 日发布的《合格境外机构投资者境内证券投资管理暂行办法》，国家外汇管理局于 2002 年 11 月 28 日发布的《合格境外机构投资者境内证券投资外汇管理暂行办法》，中国证券监督管理委员会、中国人民银行、国家外汇管理局于 2006 年 8 月 24 日发布的《合格境外机构投资者境内证券投资管理办法》，中国证券监督管理委员会、中国人民银行、国家外汇管理局于 2011 年 12 月 16 日发布的《基金管理公司、证券公司人民币合格境外机构投资者境内证券投资试点办法》，中国证券监督管理委员会于 2011 年 12 月 16 日发布的《关于实施〈基金管理公司、证券公司人民币合

---

❶ 国家外汇管理局国际收支分析小组：《2013 年中国跨境资金流动监测报告》，2014 年 2 月 25 日。

❷ 国家外汇管理局国际收支分析小组：《2013 年中国跨境资金流动监测报告》，2014 年 2 月 25 日。

格境外机构投资者境内证券投资试点办法〉的规定》，中国证券监督管理委员会于 2012 年 7 月 27 日发布的《关于实施〈合格境外机构投资者境内证券投资管理办法〉有关问题的规定》。

中国关于合格境外机构投资者的制度的主要内容如下。

1. 合格投资者应当具备的条件

（1）申请人的财务稳健，资信良好，达到中国证监会规定的资产规模等条件。资产规模要求为：①资产管理机构：经营资产管理业务 2 年以上，最近一个会计年度管理的证券资产不少于 5 亿美元；②保险公司：成立 2 年以上，最近一个会计年度持有的证券资产不少于 5 亿美元；③证券公司：经营证券业务 5 年以上，净资产不少于 5 亿美元，最近一个会计年度管理的证券资产不少于 50 亿美元；④商业银行：经营银行业务 10 年以上，一级资本不少于 3 亿美元，最近一个会计年度管理的证券资产不少于 50 亿美元；⑤其他机构投资者（养老基金、慈善基金会、捐赠基金、信托公司、政府投资管理公司等）：成立 2 年以上，最近一个会计年度管理或持有的证券资产不少于 5 亿美元。

（2）申请人的从业人员符合所在国家或者地区的有关从业资格的要求。

（3）申请人有健全的治理结构和完善的内控制度，经营行为规范，近 3 年未受到监管机构的重大处罚。

（4）申请人所在国家或者地区有完善的法律和监管制度，其证券监管机构已与中国证监会签订监管合作谅解备忘录，并保持着有效的监管合作关系。

（5）中国证监会根据审慎监管原则规定的其他条件。

2. 托管人应当具备的条件

（1）设有专门的资产托管部。

（2）实收资本不少于 80 亿元人民币。

（3）有足够的熟悉托管业务的专职人员。

（4）具备安全保管合格投资者资产的条件。

（5）具备安全、高效的清算、交割能力。

（6）具备外汇指定银行资格和经营人民币业务资格。

（7）最近 3 年没有重大违反外汇管理规定的纪录。

外资商业银行境内分行在境内持续经营 3 年以上的，可申请成为托管人，其实收资本数额条件按其境外总行的条件计算。

3. 合格投资者的投资运作

（1）合格投资者在经批准的投资额度内，可以投资于中国证监会批准的人民币金融工具。具体包括：①在证券交易所交易或转让的股票、债券和权证；②在银行间债券市场交易的固定收益产品；③证券投资基金；④股指期货；⑤中国证监会允许的其他金融工具。合格投资者可以参与新股发行、可转换债券发行、股票增发和配股的申购。

（2）合格投资者可以委托在境内设立的证券公司等投资管理机构，进行境内证券投资管理。

（3）合格投资者的境内股票投资，应当遵守中国证监会规定的持股比例限制和国家其他有关规定。单个境外投资者通过合格投资者持有一家上市公司股票的，持股比例不得超过该公司股份总数的 10%。所有境外投资者对单个上市公司 A 股的持股比例总和，不超过该上市公司股份总数的 30%。

（4）境外投资者履行信息披露义务时，应当合并计算其持有的同一上市公司的境内上市股和境外上市股，并遵守信息披露的有关的法律法规。

（5）证券公司等机构保存合格投资者的委托记录、交易记录等资料的时间应当不少于 20 年。

（6）合格投资者的境内证券投资活动，应当遵守证券交易所、证券登记结算机构的有关规定。

4. 合格投资者的资金管理

（1）合格投资者经国家外汇局批准，应当在托管人处开立外汇账户和人民币特殊账户。

（2）合格投资者外汇账户和人民币特殊账户的收支范围应当符合国家外汇局的有关规定。

（3）合格投资者应当在国家外汇局规定的时间内汇入本金，汇入的本金应当是国家外汇局批准的可兑换货币，金额以批准额度为限。合格投资者未在国家外汇局规定的时间内汇满本金的，应当向中国证监会和国家外汇局作出书面解释，并以实际汇入金额为批准额度；已批准额度和已实际汇入金额的差额，在未经国家外汇局批准之前不得汇入。

（4）合格投资者可以在国家外汇局规定的期限届满之日起向国家外汇局申请汇出资金，国家外汇局另有规定的除外。

（5）国家外汇局可以根据我国经济金融形势、外汇市场供求关系和国际收支状况，按照中国人民银行的安排，对合格投资者本金的汇入汇出时间、金额以及汇出资金的期限予以调整。

5. 基金管理公司、证券公司人民币合格境外机构投资者境内证券投资的规定

境内基金管理公司、证券公司的香港子公司（以下简称香港子公司），申请开展在香港募集人民币资金境内证券投资业务试点，应当具备下列条件：

（1）在香港证券监管部门取得资产管理业务资格并已经开展资产管理业务，财务稳健，资信良好。

（2）公司治理和内部控制有效，从业人员符合香港地区的有关从业资格要求。

（3）申请人及其境内母公司经营行为规范，最近 3 年未受到所在地监管部门的重大处罚。

（4）申请人境内母公司具有证券资产管理业务资格。

（5）中国证监会根据审慎监管原则规定的其他条件。

在 QFII 制度下，外资投资中国证券市场必须要通过合格境外机构投资者进行，合格境外机构投资者需经中国证券监管部门审批，其投资也要受到监督。在此背景下，国际投机资本很难绕过外汇管理局的监管进入中国的证券市场，其在中国证券市场的投机活动也受到限制。

三、农产品市场具有获利空间

房地产市场和证券市场是国际投机资本重要的获利渠道，在以上两个渠道受阻的情况下，在资本逐利本性的驱动下，国际投机资本会寻找新的投机领域。而农产品市场恰恰具有投机获利的机会。

根据《外商投资产业指导目录（2011 年修订）》，粮食收购，粮食、棉花、植物油、食糖、烟草、原油、农药、农膜、化肥的批发、零售、配送（设立超过 30 家分店、销售来自多个供应商的不同种类和品牌商品的连锁店由中方控股），以及大型农产品批发市场建设、经营属于限制外商投资的产业。而一般商品的共同配送、鲜活农产品低温配送等现代物流及相关技术服务以及农村连锁配送属于鼓励外商投资的产业。因此，国际投机资本是可以以外商直接投资的身份进入农产品的收购、批发等流通领域的。此外，国际投机资本还可以以信贷融资等方式轻易进入农产品流通领域。"从数量上看，至少有 1 万亿游资在我国对农产品实施'成本狙击'和'价格催涨'，以便从中浑水摸鱼、获取暴利。"❶

前已述及，供给和需求数量相对固定、产地相对集中、生产周期长、易储藏的小宗农产品恰恰适合进行投机炒作行为。熟悉期货市场运作规律的专家张力帆认为："期货市场和中远期现货交易市场的基本规律是 1:10，以辣椒为例，2009 年我国辣椒总产量不过 390 万吨，即

---

❶ 郑风田："别让农产品炒作成为常态"，载《环球时报》2010 年 4 月 21 日。

使按照每公斤 40 元计算，所需要的资金不过 1500 亿元，根据资金杠杆效应，实际上只需要 150 亿元就能够实现对中国辣椒的掌控。"❶ "广西华兴粮食物流有限公司董事长梁志林告诉记者，2010 年 2 月开始，一些外资企业已经开始向他和其他从事物流的相关企业探路，研究在港口码头和仓储中心对鲜辣椒进行初加工和对干辣椒进行仓储事宜。这些公司当中甚至包括益海嘉里公司、沃尔玛的供货商等。"❷

第三节　对投机炒作农产品国际投机资本的政府监管

对国际投机资本加以监管可以从源头上限制投机炒作农产品的资金流入，从而实现防范投机炒作农产品违法行为的目的。加强国际投机资本流入渠道的监管可以减少流入境内的国际投机资本的规模，防止国际投机资本对农产品的投机炒作。中国于 1980 年 12 月发布了《外汇管理暂行条例》，此后两次发布和修订《外汇管理条例》，2008 年 8 月 6 日国务院发布了再次修订的《外汇管理条例》。《外汇管理条例》是进行外汇监管基本的综合性法律依据。此外，国家外汇管理局、中国人民银行、银行业监督管理委员会等机构发布的相关法律文件也是对国际投机资本加以监管的法律依据。

一、经常项目渠道的监管

1. 货物贸易渠道的监管

根据国家外汇管理局《关于印发货物贸易外汇管理法规有关问题

---

❶ 何丰伦："万亿游资炒作农产品"，载《农产品市场周刊》2010 年第 16 期。
❷ 何丰伦："万亿游资炒作农产品"，载《农产品市场周刊》2010 年第 16 期。

的通知》，为进一步深化外汇管理体制改革，促进贸易便利化，国家外汇管理局、海关总署和国家税务总局决定自 2012 年 8 月 1 日起在全国实施货物贸易外汇管理制度改革。为此，国家外汇管理局制定了《货物贸易外汇管理指引》、《货物贸易外汇管理指引实施细则》、《货物贸易外汇管理指引操作规程（银行企业版)》、《货物贸易外汇收支信息申报管理规定》，自 2012 年 8 月 1 日起施行。

（1）建立统一的监测系统。

自 2012 年 8 月 1 日起，全国上线运行货物贸易外汇监测系统（以下简称监测系统)，停止使用贸易收付汇核查系统、贸易信贷登记管理系统、出口收结汇联网核查系统以及中国电子口岸出口收汇系统。外汇局依托监测系统对贸易外汇收支情况进行宏观统计和监测分析。

（2）单证真实性及其与外汇收支一致性的审查。

境内机构（以下简称企业）的贸易外汇收支应当具有真实、合法的交易背景，与货物进出口一致。经营结汇、售汇业务的金融机构（以下简称金融机构）应当对企业提交的贸易进出口交易单证的真实性及其与贸易外汇收支的一致性进行合理审查。

（3）企业分类管理。

外汇局根据非现场或现场核查结果，结合企业遵守外汇管理规定等情况，将企业分成 A、B、C 三类。外汇局对分类结果进行动态调整，并对 B、C 类企业设立分类管理有效期。

在分类管理有效期内，对 A 类企业贸易外汇收支，适用便利化的管理措施。对 B、C 类企业贸易外汇收支，在单证审核、业务类型及办理程序、结算方式等方面实施审慎监管。

外汇局建立贸易外汇收支电子数据核查机制，对 B 类企业贸易外汇收支实施电子数据核查管理。对 C 类企业贸易外汇收支业务以及外汇局认定的其他业务，由外汇局实行事前逐笔登记管理，金融机构凭外汇局出具的登记证明为企业办理相关手续。

（4）非现场核查。

国家外汇管理局及其分支机构（以下简称外汇局）建立进出口货物流与收付汇资金流匹配的核查机制，对企业贸易外汇收支进行非现场总量核查和监测，对存在异常或可疑情况的企业进行现场核实调查（以下简称现场核查），对金融机构办理贸易外汇收支业务的合规性与报送相关信息的及时性、完整性和准确性实施非现场和现场核查。

外汇局定期或不定期对企业一定期限内的进出口数据和贸易外汇收支数据进行总量比对，核查企业贸易外汇收支的真实性及其与货物进出口的一致性。外汇局根据企业进出口和贸易外汇收支数据，结合其贸易信贷报告等信息，设定总量差额、总量差额比率、资金货物比率、贸易信贷报告余额比率等总量核查指标，衡量企业一定期间内资金流与货物流的偏离和贸易信贷余额变化等情况，将总量核查指标超过一定范围的企业列入重点监测范围。外汇局根据实际情况设定并调整总量核查指标。

外汇局对贸易信贷、转口贸易等特定业务，以及保税监管区域企业等特定主体实施专项监测。外汇局对企业的贸易信贷、出口收入存放境外、来料加工、转口贸易、境外承包工程、进出口退汇等业务，以及区内企业、辅导期企业等主体实施专项监测，将资金流与货物流的规模与结构等存在异常或可疑情况的企业列入重点监测范围。

外汇局对存在贸易外汇收支与货物进出口一致性匹配情况超过一定范围，贸易信贷余额或中长期贸易信贷发生额超过一定比例，经专项监测发现其他异常或可疑等情况的企业实施重点监测。外汇局对 B、C 类企业以及经总量核查与专项监测后纳入重点监测范围的企业进行持续、动态监测。对于指标出现较大偏离、连续偏离或相关指标反映情况相互背离的企业，可实施现场核查；对于指标恢复正常的企业，解除重点监测。

（5）现场核查。

外汇局可对企业非现场核查中发现的异常或可疑的贸易外汇收支业务实施现场核查。外汇局可对金融机构办理贸易外汇收支业务的合规性与报送信息的及时性、完整性和准确性实施现场核查。

对核查期内存在下列情况之一的企业，外汇局可实施现场核查：

①任一总量核查指标与本地区指标阈值偏离程度 50% 以上；

②任一总量核查指标连续四个核查期超过本地区指标阈值；

③预收货款、预付货款、延期收款或延期付款各项贸易信贷余额比率大于 25%；

④一年期以上的预收货款、预付货款、延期收款或延期付款各项贸易信贷发生额比率大于 10%；

⑤来料加工工缴费率大于 30%；

⑥转口贸易收支差额占支出比率大于 20%；

⑦单笔退汇金额超过等值 50 万美元且退汇笔数大于 12 次；

⑧外汇局认定的需要现场核查的其他情况。

（6）贸易外汇收支信息申报。

企业应当根据贸易方式、结算方式以及资金来源或流向，凭相关单证在金融机构办理贸易外汇收支，并按规定进行贸易外汇收支信息申报。金融机构应当查询企业名录和分类状态，按规定进行合理审查，并向外汇局报送前款所称贸易外汇收支信息。

对于超过规定期限的预收货款、预付货款、延期收款以及延期付款等影响贸易外汇收支与货物进出口一致性匹配的信息，企业应当在规定期限内向外汇局报告。

符合下列情况之一的业务，企业应当在货物进出口或收付汇业务实际发生之日起 30 天内，通过监测系统向所在地外汇局报送对应的预计收付汇或进出口日期等信息：

①30 天以上（不含）的预收货款、预付货款；

②90 天以上（不含）的延期收款、延期付款；

③90 天以上（不含）的远期信用证（含展期）、海外代付等进口贸易融资；

④B、C 类企业在分类监管有效期内发生的预收货款、预付货款，以及 30 天以上（不含）的延期收款、延期付款；

⑤同一合同项下转口贸易收支日期间隔超过 90 天（不含）且先收后支项下收汇金额或先支后收项下付汇金额超过等值 50 万美元（不含）的业务；

⑥其他应当报告的事项。

2. 服务贸易、收益和经常转移等除货物贸易以外的经常项目渠道的监管

根据国家外汇管理局于 2013 年 7 月 18 日发布的《关于印发服务贸易外汇管理法规的通知》，为完善服务贸易外汇管理，促进贸易投资便利化，服务涉外经济发展，国家外汇管理局制定了《服务贸易外汇管理指引》和《服务贸易外汇管理指引实施细则》，适用于服务贸易、收益和经常转移等除货物贸易以外的经常项目外汇收支（以下统称服务贸易外汇收支）。

（1）单证真实性及其与外汇收支一致性的审查。

服务贸易外汇收支应当具有真实、合法的交易基础。境内机构和境内个人不得以虚构交易骗取资金收付，不得以分拆等方式逃避外汇监管。

经营外汇业务的金融机构（以下简称金融机构）办理服务贸易外汇收支业务，应当按照国家外汇管理规定对交易单证的真实性及其与外汇收支的一致性进行合理审查，确认交易单证所列的交易主体、金额、性质等要素与其申请办理的外汇收支相一致。

办理单笔等值 5 万美元以上的服务贸易外汇收支业务，金融机构应按以下规定审查并留存交易单证：

①国际运输项下：运输发票或运输单据或运输清单。

②对外劳务合作或对外承包工程项下：合同（协议）和劳务预算表（工程预算表或工程结算单）。

③对外承包工程签订合同之前服务贸易项下前期费用对外支付：申请书（包括但不限于前期费用预算情况、使用时间、境外收款人与境内机构之间的关系等）；未使用完的外汇资金，境内机构应及时调回境内。

④专有权利使用费和特许费项下：合同（协议）和发票（支付通知）。

⑤利润、股息和红利项下对外支付：会计师事务所出具的相关年度财务审计报告、董事会关于利润分配的决议和最近一期的验资报告，境内机构可依法支付中期境外股东所得的股息、红利；外商投资合伙企业外国合伙人所得利润项下对外支付：外国合伙人出资确认登记证明和利润分配决议，其中，外国合伙人出资确认登记证明可由金融机构从外汇局相关系统打印；利润、股息和红利项下收汇：利润处置决议和境外机构相关年度的财务报表。

⑥代表处（办事处）办公经费项下：经费预算表。

⑦技术进出口项下：合同（协议）和发票（支付通知）；属于限制类技术进出口，境内机构和境内个人还应提供商务部门颁发的《技术进出口许可证》。

⑧国际赔偿款项下：原始交易合同、赔款协议（赔款条款）和整个赔偿过程的相关说明或证明材料；或者仅审核法院判决书或仲裁机构出具的仲裁书或有权调解机构出具的调解书等。

⑨具有关联关系的境内外机构代垫或分摊的服务贸易费用项下：原始交易合同、代垫或分摊合同（协议或说明）、发票（支付通知），代垫或分摊期限不得超过 12 个月。

⑩服务贸易项下退汇：按照原汇入或汇出资金交易性质规定的交

易单证和整个退汇过程的相关说明或证明材料，退汇金额不得超过原汇入或汇出金额，且原路汇回。

⑪其他服务贸易项下外汇收支：合同（协议）或发票（支付通知）或相关其他交易单证。

境内机构和境内个人办理服务贸易外汇收支，应按规定提交能证明交易真实合法的交易单证；提交的交易单证无法证明交易真实合法或与其申请办理的外汇收支不一致的，金融机构应要求其补充其他交易单证。办理服务贸易外汇收支业务，金融机构应按规定期限留存审查后的交易单证备查；境内机构和境内个人应按规定期限留存相关交易单证备查。

（2）监督检查。

外汇局通过外汇监测系统对服务贸易外汇收支进行非现场监测，对外汇收支异常的境内机构和境内个人进行非现场核查、现场核查或检查；对金融机构办理服务贸易外汇收支业务的合规性与报送相关信息的及时性、完整性和准确性实施非现场核查、现场核查或检查。

3. 境内机构捐赠的监管

为了完善捐赠外汇管理、便利捐赠外汇收支，国家外汇管理局于2009年12月25日发布了《关于境内机构捐赠外汇管理有关问题的通知》。

（1）捐赠外汇账户。

境内机构应当通过捐赠外汇账户办理捐赠外汇收支。外汇指定银行（以下简称银行）应当为境内机构开立捐赠外汇账户，并纳入外汇账户管理信息系统进行管理。

除另有规定外，捐赠外汇账户的开立、使用、变更、关闭按照经常项目外汇账户管理相关规定办理。其收入范围是：从境外汇入的捐赠外汇资金、从同名经常项目外汇账户或购汇划入的用于向境外捐赠的外汇资金；支出范围是：按捐赠协议约定的支出及其他捐赠支出。

境外非政府组织境内代表机构捐赠外汇账户收支范围是：境外非政府组织总部拨付的捐赠项目外汇资金及其在境内的合法支出。

境内企业接受或向境外营利性机构或境外个人捐赠，其捐赠外汇账户的开立、使用、变更、关闭按照资本项目外汇账户管理相关规定办理。

（2）境内企业捐赠的监管。

境内企业接受或向境外非营利性机构捐赠，应持以下单证在银行办理：

①申请书（境内企业在申请书中须如实承诺其捐赠行为不违反国家相关禁止性规定，已按照国家相关规定办理审批备案等手续，与其发生捐赠外汇收支的境外机构为非营利性机构，境内企业将严格按照捐赠协议使用资金，并承担由此产生的法律责任）；

②企业营业执照复印件；

③经公证并列明资金用途的捐赠协议；

④境外非营利性机构在境外依法登记成立的证明文件（附中文译本）；

⑤在上述材料无法充分证明交易真实性时，要求提供的其他材料。

境内企业接受或向境外营利性机构或境外个人捐赠，按照跨境投资、对外债权债务有关规定办理。

（3）非政府组织捐赠的监管。

境外非政府组织境内代表机构凭申请书、境外非政府组织总部与境内受赠方之间的捐赠协议办理外汇入账手续。

（4）其他境内机构捐赠的监管。

其他境内机构办理捐赠外汇收支，应向银行提交以下单证：

①申请书（境内机构在申请书中须如实承诺该捐赠行为不违反国家相关禁止性规定，已按照国家相关规定办理审批备案等手续，并承担由此产生的法律责任）；

②有关管理部门颁发的登记证书复印件；

③列明用途的捐赠协议。

全国性宗教团体一次性接受等值 100 万元人民币以上（含）的捐赠外汇收入，还应提交国家宗教事务局批准接受该笔捐赠的证明文件；寺院、宫观、清真寺、教堂等宗教活动场所和地方宗教团体一次性接受等值 100 万元人民币以上（含）的捐赠外汇收入，还须提交所在地省级人民政府批准接受该笔捐赠的证明文件。

4. 个人经常项目外汇的监管

关于个人外汇收支的监管，国家外汇管理局于 2004 年 8 月 10 日发布了《关于个人对外贸易经营有关外汇管理问题的通知》，中国人民银行于 2006 年 12 月 25 日发布了《个人外汇管理办法》，随后国家外汇管理局制定了《个人外汇管理办法实施细则》，国家外汇管理局于 2009 年 11 月 25 日发布了《关于进一步完善个人结售汇业务管理的通知》。

（1）经营性外汇收支的监管。

个人经常项目项下经营性外汇收支按以下规定办理：

①个人对外贸易经营者办理对外贸易购付汇、收结汇应通过本人的外汇结算账户进行；其外汇收支、进出口核销、国际收支申报按机构进行管理。

个人对外贸易结算账户为现汇账户，不得存入和提取外币现钞。同一个人对外贸易结算账户和个人外币储蓄现汇账户可以相互划转外汇资金，但个人储蓄现汇账户向个人对外贸易结算账户划款仅限于划款当日的对外支付，不得用于结汇。个人对外贸易结算账户可以向个人外币储蓄现钞账户划转资金，但个人外币储蓄现钞账户不得向个人对外贸易结算账户内划转资金。

个人对外贸易经营者从事对外货物贸易经营活动，可以直接到银行办理购汇对外支付、结汇手续，也可以通过个人对外贸易结算账户办理，但不得通过个人外币储蓄账户直接办理对外付汇手续，也不得与本人其他外币储蓄账户串用或者混用。

个人对外贸易经营者对外支付货物贸易项下预付货款，一次支付等值3万美元（含3万美元）以下的，应持进口合同、进口付汇核销单及形式发票等相关证明材料到银行办理对外支付手续；一次支付超过等值3万美元的，应持进口合同、进口付汇核销单、形式发票和预付货款保函到银行办理。

个人对外贸易经营者从事货物贸易出口所得的外汇收入，可以直接结汇，或存入个人对外贸易结算账户结汇，也可以存入个人对外贸易结算账户并划转至个人外币储蓄现汇账户后结汇。

②个体工商户委托有对外贸易经营权的企业办理进口的，本人凭其与代理企业签订的进口代理合同或协议购汇，所购外汇通过本人的外汇结算账户直接划转至代理企业经常项目外汇账户。个体工商户委托有对外贸易经营权的企业办理出口的，可通过本人的外汇结算账户收汇、结汇。结汇凭与代理企业签订的出口代理合同或协议、代理企业的出口货物报关单办理。代理企业将个体工商户名称、账号以及核销规定的其他材料向所在地外汇局报备后，可以将个体工商户的收账通知作为核销凭证。

③境外个人旅游购物贸易方式项下的结汇，凭本人有效身份证件及个人旅游购物报关单办理。

（2）非经营性外汇收支的监管。

个人结汇和境内个人购汇实行年度总额管理，年度总额分别为每人每年等值5万美元。境内个人经常项目项下非经营性结汇超过年度总额的，凭本人有效身份证件及以下证明材料在银行办理：

①捐赠：经公证的捐赠协议或合同。捐赠须符合国家规定。

②赡家款：直系亲属关系证明或经公证的赡养关系证明；境外给付人相关收入证明，如银行存款证明、个人收入纳税凭证等。

③遗产继承收入：遗产继承法律文书或公证书。

④保险外汇收入：保险合同及保险经营机构的付款证明。投保外汇保险须符合国家规定。

⑤专有权利使用和特许收入：付款证明、协议或合同。

⑥法律、会计、咨询和公共关系服务收入：付款证明、协议或合同。

⑦职工报酬：雇用合同及收入证明。

⑧境外投资收益：境外投资外汇登记证明文件、利润分配决议或红利支付书或其他收益证明。

⑨其他：相关证明及支付凭证。

境外个人经常项目项下非经营性结汇超过年度总额的，凭本人有效身份证件及以下证明材料在银行办理：

①房租类支出：房屋管理部门登记的房屋租赁合同、发票或支付通知；

②生活消费类支出：合同或发票；

③就医、学习等支出：境内医院（学校）收费证明；

④其他：相关证明及支付凭证。

上述结汇单笔等值 5 万美元以上的，应将结汇所得人民币资金直接划转至交易对方的境内人民币账户。

（3）对个人分拆结售汇的监管。

个人不得以分拆等方式规避个人结汇和境内个人购汇年度总额管理。个人分拆结售汇行为包括：

①境外同一个人或机构同日、隔日或连续多日将外汇汇给境内 5 个以上（含，下同）不同个人，收款人分别结汇。

②5 个以上不同个人同日、隔日或连续多日分别购汇后，将外汇汇给境外同一个人或机构。

③5 个以上不同个人同日、隔日或连续多日分别结汇后，将人民币

资金存入或汇入同一个人或机构的人民币账户。

④个人在 7 日内从同一外汇储蓄账户 5 次以上（含）提取接近等值 1 万美元外币现钞；或者 5 个以上个人同一日内，共同在同一银行网点，每人办理接近等值 5000 美元现钞结汇。

⑤同一个人将其外汇储蓄账户内存款划转至 5 个以上直系亲属，直系亲属分别在年度总额内结汇；或者同一个人的 5 个以上直系亲属分别在年度总额内购汇后，将所购外汇划转至该个人外汇储蓄账户。

⑥其他通过多人次、多频次规避限额管理的个人分拆结售汇行为。

二、资本项目渠道的监管

1. 外商直接投资的监管

国家外汇管理局于 2013 年 5 月 10 日发布了《外国投资者境内直接投资外汇管理规定》，于 2014 年 7 月 14 日发布了《关于境内居民通过特殊目的公司境外投融资及返程投资外汇管理有关问题的通知》，于 2014 年 8 月 4 日发布了《关于在部分地区开展外商投资企业外汇资本金结汇管理方式改革试点有关问题的通知》。

（1）外国投资者的登记管理。

外国投资者为筹建外商投资企业需要汇入前期费用等相关资金的，应在外汇局办理登记。

外商投资企业依法设立后，应在外汇局办理登记。外国投资者以货币资金、股权、实物资产、无形资产等（含境内合法所得）向外商投资企业出资，或者收购境内企业中方股权支付对价，外商投资企业应就外国投资者出资及权益情况在外汇局办理登记。

外商投资企业后续发生增资、减资、股权转让等资本变动事项的，应在外汇局办理登记变更。外商投资企业注销或转为非外商投资企业的，应在外汇局办理登记注销。

境内外机构及个人需要办理境内直接投资所涉的股权转让、境内再投资等其他相关业务的，应在外汇局办理登记。

（2）境内直接投资账户管理。

境内直接投资所涉主体办理登记后，可根据实际需要到银行开立前期费用账户、资本金账户及资产变现账户等境内直接投资账户。

境内直接投资账户内资金使用完毕后，银行可为开户主体办理关户。

（3）资本金结汇及使用。

外商投资企业资本金结汇及使用应符合外汇管理相关规定。外商投资企业外汇资本金及其结汇所得人民币资金，应在企业经营范围内使用，并符合真实自用原则。

（4）银行的监督管理。

银行为境内直接投资所涉主体办理账户开立、资金入账、结售汇、境内划转以及对外支付等业务前，应确认其已按规定在外汇局办理相应登记。

银行应按外汇管理规定对境内直接投资所涉主体提交的材料进行真实性、一致性审核，并通过外汇局指定业务系统办理相关业务。

银行应按外汇管理规定为境内直接投资所涉主体开立相应账户，并将账户开立与变动、资金收付及结售汇等信息按规定及时、完整、准确地向外汇局报送。

（5）外汇局的监督管理。

境内直接投资应按照有关规定办理国际收支统计申报。外汇局通过登记、银行报送、年检及抽样调查等方式对境内直接投资所涉跨境收支、结售汇以及外国投资者权益变动等情况进行统计监测。

外汇局对银行办理境内直接投资业务的合规性及相关信息的报送情况实施核查或检查；对境内直接投资中存在异常或可疑情况的机构或个人实施核查或检查。核查包括非现场核查和现场核查。现场核查的方式包括但不限于：要求被核查主体提交相关书面材料；约见被核查主体法定代表人、负责人或其授权人；现场查阅、复制被核查主体相关资料等。相关主体应当配合外汇局的监督检查，如实说明情况，提供有关文件、资料，不得拒绝、阻碍和隐瞒。

（6）返程投资的外汇管理。

已登记境外特殊目的公司发生境内居民个人股东、名称、经营期限等基本信息变更，或发生境内居民个人增资、减资、股权转让或置换、合并或分立等重要事项变更后，应及时到外汇局办理境外投资外汇变更登记手续。境内居民境外投资外汇变更登记完成后，方可办理后续业务（含利润、红利汇回）。

非上市特殊目的公司以本企业股权或期权等为标的，对其直接或间接控制的境内企业的董事、监事、高级管理人员及其他与公司具有雇用或劳动关系的员工进行权益激励的，相关境内居民个人在行权前可提交以下材料到外汇局申请办理特殊目的公司外汇登记手续：

①书面申请与《境内居民个人境外投资外汇登记表》；

②已登记的特殊目的公司的境外投资外汇业务登记凭证；

③相关境内企业出具的个人与其雇用或劳动关系证明材料；

④特殊目的公司或其实际控制人出具的能够证明所涉权益激励真实性的证明材料；

⑤在前述材料不能充分说明交易的真实性或申请材料之间的一致性时，要求提供的补充材料。

特殊目的公司完成境外融资后，融资资金如调回境内使用的，应遵守中国外商投资和外债管理等相关规定。返程投资设立的外商投资企业应按照现行外商直接投资外汇管理规定办理相关外汇登记手续，并应如实披露股东的实际控制人等有关信息。

境内居民从特殊目的公司获得的利润、红利调回境内的，应按照经常项目外汇管理规定办理；资本变动外汇收入调回境内的，应按照资本项目外汇管理规定办理。

（7）外商投资企业外汇资本金意愿结汇的监管。

2014 年 8 月 4 日，国家外汇管理局决定在部分地区开展外商投资企业资本金结汇管理方式改革试点，意愿结汇为其主要内容。意愿结汇是指外商投资企业资本金账户中经所在地外汇局办理出资权益确认的外汇资本金可根据企业的实际经营需要在银行办理结汇。

外商投资企业外汇资本金意愿结汇所得人民币资金纳入结汇待支付账户管理。外商投资企业应在其资本金账户开户银行开立一一对应的资本项目——结汇待支付账户（以下简称结汇待支付账户），用于存放意愿结汇所得人民币资金，并通过该账户办理各类支付手续。外商投资企业按支付结汇原则结汇所得人民币资金不得通过结汇待支付账户进行支付。结汇待支付账户内的人民币资金未经外汇局批准不得购汇划回资本金账户。外商投资企业同名结汇待支付账户间的资金不得相互划转。由结汇待支付账户划出用于担保或支付其他保证金的人民币资金，除发生担保履约或违约扣款的，均需原路划回结汇待支付账户。

外商投资企业资本金的使用应在企业经营范围内遵循真实、自用原则。外商投资企业资本金及其结汇所得人民币资金不得用于以下用途：

①不得直接或间接用于企业经营范围之外或国家法律法规禁止的支出；

②除法律法规另有规定外，不得直接或间接用于证券投资；

③不得直接或间接用于发放人民币委托贷款（经营范围许可的除外）、偿还企业间借贷（含第三方垫款）以及偿还已转贷予第三方的银行人民币贷款；

④除外商投资房地产企业外，不得用于支付购买非自用房地产的相关费用。

2. 外债及担保的监管

国家外汇管理局于 2013 年 5 月 2 日发布了《外债登记管理办法》，

于 2014 年 5 月 19 日发布了《跨境担保外汇管理规定》。

（1）外债登记。

外债登记是指债务人按规定借用外债后，应按照规定方式向所在地外汇局登记或报送外债的签约、提款、偿还和结售汇等信息。根据债务人类型，实行不同的外债登记方式。

外债借款合同发生变更时，债务人应按照规定到外汇局办理外债签约变更登记。外债未偿余额为零且债务人不再发生提款时，债务人应按照规定到外汇局办理外债注销登记手续。

债务人为境内银行，应通过外汇局相关系统逐笔报送其借用外债信息。债务人为财政部门、银行以外的其他境内债务人（以下简称非银行债务人），应在规定时间内到所在地外汇局办理外债签约逐笔登记或备案手续。对于不通过境内银行办理资金收付的，非银行债务人在发生外债提款额、还本付息额和未偿余额变动后，持相关证明材料到所在地外汇局办理备案手续。

（2）外债账户、资金使用和结售汇管理。

境内银行借用外债，可直接在境内外银行开立相关账户，直接办理与其外债相关的提款和偿还等手续。非银行债务人在办理外债签约登记后，可直接向境内银行申请开立外债账户。非银行债务人可开立用于办理提款和还款的外债专用账户，也可根据实际需要开立专门用于外债还款的还本付息专用账户。根据非银行债务人申请，银行在履行必要的审核程序后，可直接为其开立、关闭外债账户以及办理外债提款、结售汇和偿还等手续。

外商投资企业借用的外债资金可以结汇使用。除另有规定外，境内金融机构和中资企业借用的外债资金不得结汇使用。债务人在办理外债资金结汇时，应遵循实需原则，持规定的证明文件直接到银行办理。银行应在按照有关规定审核证明文件后，为债务人办理结汇手续。

债务人借款合同中约定的外债资金用途应当符合外汇管理规定。

短期外债原则上只能用于流动资金，不得用于固定资产投资等中长期用途。

（3）对跨境担保的监管。

通过外保内贷的违约，可以实现国际投机资本向境内的转移。外保内贷是指担保人注册地在境外、债务人和债权人注册地均在境内的跨境担保。

外保内贷业务发生担保履约的，在境内债务人偿清其对境外担保人的债务之前，未经外汇局批准，境内债务人应暂停签订新的外保内贷合同；已经签订外保内贷合同但尚未提款或尚未全部提款的，未经所在地外汇局批准，境内债务人应暂停办理新的提款。

境内债务人因外保内贷项下担保履约形成的对外负债，其未偿本金余额不得超过其上年度末经审计的净资产数额。

境内债务人向债权人申请办理外保内贷业务时，应真实、完整地向债权人提供其已办理外保内贷业务的债务违约、外债登记及债务清偿情况。

外保内贷业务发生境外担保履约的，境内债务人应到所在地外汇局办理短期外债签约登记及相关信息备案手续。外汇局在外债签约登记环节对债务人外保内贷业务的合规性进行事后核查。

3. 资本项目个人外汇管理

境内个人参与境外上市公司员工持股计划、认股期权计划等所涉外汇业务，应通过所属公司或境内代理机构统一向外汇局申请获准后办理。境内个人出售员工持股计划、认股期权计划等项下股票以及分红所得外汇收入，汇回所属公司或境内代理机构开立的境内专用外汇账户后，可以结汇，也可以划入员工个人的外汇储蓄账户。

境内个人作为保险受益人所获外汇保险项下赔偿或给付的保险金，可以存入本人外汇储蓄账户，也可以结汇。

三、非法渠道的监管

1. 对个人携带外币现钞入境的监管

对于携带外币现钞入境的行为，海关应加大打击力度。进境旅客携带人民币现钞超过 20000 元，或外币现钞折合超过 5000 美元的，须如实向海关书面申报。对于违规携带货币进出境行为，海关根据情节轻重和主观故意程度依法采取退运、罚款等措施。根据《外汇管理条例》，违反规定携带外汇出入境的，由外汇管理机关给予警告，可以处违法金额 20% 以下的罚款。法律、行政法规规定由海关予以处罚的，从其规定。对数目巨大、情节恶劣的涉嫌刑事犯罪案件线索交由海关缉私部门处理。

2. 对"地下钱庄"的监管

加强对通过地下钱庄进行外汇交易非法活动的监管。监管部门应及时监控可疑交易，银行和其他金融机构应上报可疑交易报告。对于情节严重的通过"地下钱庄"转移国际投机资本的行为，可以追究行为人的刑事责任。根据全国人大常委会《关于惩治骗购外汇、逃汇和非法买卖外汇犯罪的决定》，在国家规定的交易场所以外非法买卖外汇，扰乱市场秩序，情节严重的，依照《中华人民共和国刑法》（以下简称《刑法》）第 225 条的规定定罪处罚。《刑法》第 225 条是关于非法经营罪的规定，对于非法买卖外汇，扰乱市场秩序，情节严重的，处 5 年以下有期徒刑或者拘役，并处或者单处违法所得 1 倍以上 5 倍以下罚金；情节特别严重的，处 5 年以上有期徒刑，并处违法所得 1 倍以上 5 倍以下罚金或者没收财产。单位犯前款罪的，对单位判处罚金，并对其直接负责的主管人员和其他直接责任人员，依照上述规定处罚。

如果"地下钱庄"协助转移的是违法犯罪所得的"黑钱"，则还有可能构成洗钱罪。根据《刑法》第 191 条，明知是毒品犯罪、黑社会性质的组织犯罪、走私犯罪的违法所得及其产生的收益，为掩饰、隐瞒其来源和性质，有提供资金账户、协助将财产转换为现金或者金融票据、通过转账或者其他结算方式协助资金转移等行为之一的，没收实施以上犯罪的违法所得及其产生的收益，处 5 年以下有期徒刑或者拘役，并处或者单处洗钱数额 5% 以上 20% 以下罚金；情节严重的，处 5 年以上 10 年以下有期徒刑，并处洗钱数额 5% 以上 20% 以下罚金。单位犯前款罪的，对单位判处罚金，并对其直接负责的主管人员和其他直接责任人员，处 5 年以下有期徒刑或者拘役。

地下钱庄往往借助"空壳公司"完成国际投机资本的转移。"空壳公司"一般以咨询公司、贸易公司等名义出现，是"地下钱庄"从事非法外汇交易的工具。为遏制"地下钱庄"的非法活动，应加强企业工商登记注册审核要求，对其后续经营情况进行检查，监测可疑资金往来。

第六章　投机炒作农产品的法律责任

　　法律责任是投机炒作农产品违法行为的法律后果。投机炒作农产品违法行为人要承担的法律责任包括行政责任、民事责任和刑事责任。投机炒作农产品的民事责任、行政责任和刑事责任各有不同的功能和优势，它们相互协调配合才能有效规制投机炒作农产品违法行为。本章将分别对上述三种责任加以探讨并提出完善建议。

第一节　投机炒作农产品的行政责任

　　行政责任是指行为人违反行政法律规范所应承担的法律责任。民事责任主要是财产责任，对违法行为人的震慑力度略显不足；而刑事责任是对严重危害社会的违法行为人施加的严厉制裁，适用的范围有限。行政责任则是较为严厉、适用范围较广的责任类型。民事责任的承担一般要由当事人起诉并经诉讼程序判决，而刑事责任必然要由检察机关起诉并经诉讼程序判决，二者的程序较为烦琐且耗时较长。行政责任由行政机关依职权主动决定，具有程序相对简便的特点。综观规范投机炒作农产品违法行为的法律法规，其规定的法律责任绝大部分为行政责任。

一、现行法关于投机炒作农产品行政责任的具体形式

（一）警告

警告是对违法行为人进行谴责以示警戒的处罚措施。警告一般适用于情节较轻微的违法行为，是对行政相对人的影响最轻微的处罚形式。

根据《价格法》第 40 条的规定，经营者有该法第 14 条规定的"相互串通，操纵市场价格，损害其他经营者或者消费者的合法权益"等不正当价格行为之一的："……没有违法所得的，予以警告，……"

（二）责令改正、停止违法行为

责令改正和停止违法行为是指要求违法行为人不得从事法律禁止的行为，在法律规定的范围内从事经营活动。

《价格法》第 40 条规定，经营者有"相互串通，操纵市场价格，损害其他经营者或者消费者的合法权益"行为的："……责令改正，……"

《价格违法行为行政处罚规定》第 5 条第 2 款规定："除前款规定情形外，经营者相互串通，操纵市场价格，损害其他经营者或者消费者合法权益的，依照本规定第 4 条的规定处罚。"该规定第 4 条的处罚为："……责令改正，……"

《反垄断法》第 46 条规定："经营者违反本法规定，达成并实施垄断协议的，由反垄断执法机构责令停止违法行为，……"

（三）没收违法所得

没收违法所得将违法行为人从事非法经营等获得的利益收归国有的责任形式。没收违法所得属于财产处罚。

《价格法》第 40 条规定，经营者有"相互串通，操纵市场价格，损害其他经营者或者消费者的合法权益"行为的："……没收违法所得，……"

《价格违法行为行政处罚规定》第 6 条规定，经营者捏造、散布涨价信息，扰乱市场价格秩序的；除生产自用外，超出正常的存储数量或者存储周期，大量囤积市场供应紧张、价格发生异常波动的商品，经价格主管部门告诫仍继续囤积的；利用其他手段哄抬价格，推动商品价格过快、过高上涨的："……责令改正，没收违法所得，并处违法所得 5 倍以下的罚款，……"

（四）罚款

罚款是强制违法的行政相对人支付一定数额金钱的责任形式。罚款是一种财产处罚，主要适用于以牟取经济利益为目的的违法行为。

《价格法》第 40 条规定，经营者有"相互串通，操纵市场价格，损害其他经营者或者消费者的合法权益"行为的："……责令改正，没收违法所得，可以并处违法所得 5 倍以下的罚款；没有违法所得的，予以警告，可以并处罚款……"

《价格违法行为行政处罚规定》第 5 条第 1 款规定，经营者违反《价格法》第 14 条的规定，相互串通，操纵市场价格，造成商品价格较大幅度上涨的："……责令改正，没收违法所得，并处违法所得 5 倍以下的罚款；没有违法所得的，处 10 万元以上 100 万元以下的罚款，情节较重的处 100 万元以上 500 万元以下的罚款；……"

《反垄断法》第 46 条规定，经营者违反本法规定，达成并实施垄断协议的，由反垄断执法机构责令停止违法行为，"没收违法所得，并处上一年度销售额 1% 以上 10% 以下的罚款；尚未实施所达成的垄断协议的，可以处 50 万元以下的罚款"。

（五）责令停业整顿

责令停业整顿是强制公民、法人或者其他组织停止生产经营活动，改正违法行为的责任形式。责令停业整顿不是直接剥夺违法行为人的财产，而是责令其暂时停止生产经营活动，违法行为人及时纠正违法行为后，可以继续从事生产经营活动。

《价格法》第 40 条规定，经营者有"相互串通，操纵市场价格，损害其他经营者或者消费者的合法权益"行为的："……情节严重的，责令停业整顿，……"

《价格违法行为行政处罚规定》第 6 条规定，对情节严重的经营者："……责令停业整顿，……"

（六）吊销营业执照、撤销登记

吊销营业执照、撤销登记是剥夺违法行为人从事特定活动的权利或资格的责任形式。吊销营业执照适用于经营者，撤销登记适用于不以营利为目的的行业协会等单位。

《价格法》第 40 条规定，经营者有"相互串通，操纵市场价格，损害其他经营者或者消费者的合法权益"行为的："……情节严重的，责令停业整顿，或者由工商行政管理机关吊销营业执照。"

《反垄断法》第 46 条规定，行业协会违反本法规定，组织本行业的经营者达成垄断协议的，反垄断执法机构可以处 50 万元以下的罚款；"情节严重的，社会团体登记管理机关可以依法撤销登记"。

二、投机炒作农产品行政责任的不足及完善

（一）应增设计算罚款数额的依据

国家发改委《价格违法行为行政处罚规定》第 6 条规定了恶意囤积的处罚措施：除生产自用外，超出正常的存储数量或者存储周期，大量囤积市场供应紧张、价格发生异常波动的商品，经价格主管部门告诫仍继续囤积，推动商品价格过快、过高上涨的，责令改正，没收违法所得，并处违法所得 5 倍以下的罚款；没有违法所得的，处 5 万元以上 50 万元以下的罚款，情节较重的处 50 万元以上 300 万元以下的罚款；情节严重的，责令停业整顿，或者由工商行政管理机关吊销营业执照。

《价格违法行为行政处罚规定》第 5 条第 1 款规定了哄抬价格的处罚措施：经营者违反《价格法》第 14 条的规定，相互串通，操纵市场价格，造成商品价格较大幅度上涨的，责令改正，没收违法所得，并处违法所得 5 倍以下的罚款；没有违法所得的，处 10 万元以上 100 万元以下的罚款，情节较重的处 100 万元以上 500 万元以下的罚款；情节严重的，责令停业整顿，或者由工商行政管理机关吊销营业执照。

上述法条中计算罚款数额的依据是"违法所得"。一般情况下，经营者实施了恶意囤积农产品价格或者哄抬农产品价格的行为往往会从中获利，所谓"无利不起早"。经营者所获得的违法收入越多，罚款的数额也就越大。在行为人恶意囤积了大量农产品或者大肆哄抬农产品价格，造成农产品价格高涨，但是自己出售时机不当收入较少的情况下，如果以"违法所得"为依据来计算罚款数额，可能会非常少。在实践中也会存在违法所得难以计算或者遗漏的情形。此时以违法所得为计算罚款的依据，就难以起到惩罚违法行为人的作用。

根据《反垄断法》第 46 条，对达成并实施垄断协议的经营者，由反垄断执法机构责令停止违法行为，没收违法所得，并处上一年度销售额 1% 以上 10% 以下的罚款。但是，该条规定仅仅适用于农产品经营者存在协议、决定或者协同行为的情形，并不能据以对恶意囤积农产品和哄抬农产品价格的行为进行处罚。

《反垄断法》第 46 条的规定有其合理性，违法行为人在一定期限内的销售额更容易确定，应当在规范恶意囤积农产品和哄抬农产品价格行为的价格法律法规中增列销售额作为计算罚款的依据，即把一定期限销售额的一定比例作为罚款的数额。同时，为了避免出现依据销售额计算的罚款数额低于依据违法所得的倍数计算的罚款数额的不当后果，可以作出如下规定：在没有违法所得的情况下，依据销售额计算罚款的数额；在有违法所得时，以违法所得的倍数和销售额的一定比例计算的数字较高者作为最后确定罚款数额的依据。

（二）罚款处罚不应设置上限

实践中也存在经营者组织实施了哄抬价格的行为或者恶意囤积行为，但是尚未来得及出售农产品获利的情况。在此情况下只能依据《价格违法行为行政处罚规定》第 5 条，按照没有违法所得处以最高500 万元或者最高 300 万元的罚款。如果该经营者在违法活动中的主观恶性、所起作用、造成的损害都较其他有违法所得的经营者更大，则有上限的罚款处罚可能会出现不当的后果。"吉林省、内蒙古自治区价格主管部门查处了吉林玉米中心批发市场有限公司联合内蒙古扎鲁特旗正达粮油贸易有限公司、吉林省洮南市吉豆经贸有限公司等企业通过举行会议等，相互串通，捏造散布涨价信息，操纵市场价格的违法行为，对会议组织者吉林玉米中心批发市场有限公司按照法定最高处罚额度处以 100 万元罚款，对协办会议的企业各罚款 50 万元，对参加会议并相互串通的其他 109 家绿豆经销企业也给予了提醒告诫。山东省物价局查处了某经销商囤积大蒜、哄抬价格的违法行为，按照法定最高处罚额度处以 10 万元罚款。河南省中牟县发展改革委查处了当地冷藏保鲜协会组织经营者相互串通，操纵大蒜冷藏收费标准行为，处以 8 万元罚款。广东省物价局查处了广州市大鹏物流 2 号仓西一库某经销商哄抬绿豆价格的违法行为，处以 2 万元罚款。"❶

上述案例是按照 2008 年 1 月 13 日第二次修订的《价格违法行为行政处罚规定》进行的处罚。即使按照 2010 年 12 月 4 日《国务院关于修改〈价格违法行为行政处罚规定〉的决定》第三次修订的《价格违法行为行政处罚规定》来处罚，最高限也只有 500 万元。这与给市场竞争秩序、消费者利益造成的损害相比，违法的代价并不高。

按照《反垄断法》第 46 条，反垄断执法机构对达成并实施垄断

---

❶ "国家发展改革委、商务部、国家工商总局通报囤积哄抬农产品价格违法案件查处情况并答记者问"，载《中国价格监督检查》2010 年第 7 期。

协议的经营者在处以没收违法所得的同时，要处上一年度销售额1%以上10%以下的罚款。经营者上一年度的销售额是没有上限的，相应地，按照其一定比例给予的罚款处罚也不会封顶。上述规定可以借鉴到规范恶意囤积农产品和哄抬农产品价格行为的价格法律法规中。对此，建议应取消恶意囤积农产品和哄抬农产品价格行为罚款处罚的上限，由主管机关综合考虑违法行为人的主观恶性、所起作用和损害后果，根据销售额给予罚款处罚，以便提高违法成本，震慑违法行为人。

（三）在处以责令停业整顿，或者由工商行政管理机关吊销营业执照或者撤销登记处罚时，还应当同时处以没收违法所得并处罚款的处罚

根据国家发改委《价格违法行为行政处罚规定》第5条和第6条的规定，恶意囤积农产品和哄抬农产品价格行为，"情节严重的，责令停业整顿，或者由工商行政管理机关吊销营业执照"，或者"由登记管理机关依法撤销登记"。对于在责令停业整顿、吊销执照或者撤销登记的同时是否还要给予没收违法所得和罚款的处罚，法条本身并不明确。因此，应将该条规定解释为"在没收违法所得并处罚款的基础上，责令停业整顿、吊销执照或者撤销登记"。否则，就会出现停业整顿、吊销执照或者撤销登记之后，违法者依然保有违法所得，并未受到经济上的惩处的结果，这显然是不公平的，有悖法律公平正义精神。

第二节　投机炒作农产品的民事责任

《民法通则》第106条规定，公民、法人违反合同或者不履行其他义务的，应当承担民事责任。公民、法人由于过错侵害国家的、集体的财产，侵害他人财产、人身的，应当承担民事责任。没有过错，但法律规定应当承担民事责任的，应当承担民事责任。民事责任主要是

违约责任和侵权责任。根据《中华人民共和国侵权责任法》（以下简称《侵权责任法》）第 2 条的规定，侵权责任是民事主体侵害了他人的民事权益所应承担的法律后果。其他经营者通过守法经营获得收益的权利和消费者以合理价格获得消费品的权利都属于民事权益的范畴。在投机炒作者的行为侵害了其他经营者和消费者民事权益时，经营者和消费者可以请求投机炒作者承担侵权民事责任。

一、投机炒作农产品行为人承担民事责任的理由

（一）行为人承担投机炒作农产品民事责任于法有据

《价格法》第 41 条规定，经营者因价格违法行为致使消费者或者其他经营者多付价款的，应当退还多付部分；造成损害的，应当依法承担赔偿责任。《反垄断法》第 50 条规定，经营者实施垄断行为，给他人造成损失的，依法承担民事责任。投机炒作者实施的农产品卡特尔行为属于垄断协议，由《反垄断法》调整，受到损害的主体也可以据此向实施农产品卡特尔行为的主体追究民事责任。

（二）投机炒作农产品民事责任具有激励私人参与的功效

投机炒作农产品民事责任是对受害者承担的责任。行政责任和刑事责任是由行政机关或者司法机关行使国家公权对违法或者犯罪的行为人施加的处罚措施，也就是说，违法行为人是在向国家承担行政责任和刑事责任。民事责任是平等主体的自然人、法人以及其他组织依据民事法律规范承担的以填补财产损失为主要内容的法律责任，民事责任的承担者向权益受到损害的平等主体承担责任。如果仅仅要求违法行为人承担行政责任和刑事责任，那么由于违法者行为受到损害的自然人、法人以及其他组织的利益则无从获得保护。

法律经济学把法律的执行分为公共执行和私人执行，虽然公共执行和私人执行孰优孰劣一直存在争论，但是私人执行能够在公法执行

中发挥积极作用已为事实所证明。❶ 私人追究违法行为人的民事责任是保护自身利益的体现，合理的民事责任制度能够激励私人参与对投机炒作农产品行为的规制，也会形成对违法行为人的威慑，实现法律的调整目的。

（三）投机炒作农产品的民事责任可以增加行为人的违法成本

刑事责任和行政责任是较为严厉的处罚方式，但是行政机关和公检法机关的行政、司法资源毕竟有限，直接发现并处罚投机炒作农产品违法行为的几率较低。而作为投机炒作农产品违法行为受害者的经营者和消费者却人数众多，且与违法行为存在利益关系，追究违法行为人责任的积极性更高。投机炒作者通过投机炒作农产品获得暴利，而消费者和其他经营者的利益会受损。追究投机炒作者的民事责任不但可以填补消费者和其他经营者的损失，还可以将投机炒作者的违法成本"内化"，告诫潜在的违法行为人谨慎行事。

二、投机炒作农产品民事责任的请求权人和责任主体

（一）投机炒作农产品民事责任的请求权人

根据《价格法》第41条的规定，经营者的价格违法行为会侵害消费者或者其他经营者的权益。根据《反垄断法》第50条的规定，经营者实施垄断行为给"他人"造成损失的要承担民事责任，这里的他人应包括因投机炒作者的行为受到侵害的经营者和消费者。

1. 受到投机炒作违法行为侵害的经营者

因投机炒作者的行为受到损害的经营者可以请求投机炒作者承担民事责任。投机炒作农产品的经营者为了达到自己获利的目的而从事恶意囤积、卡特尔、哄抬价格行为，其他经营者会因为投机炒作者的

---

❶ 王健著：《反垄断私人执行——基本原理与外国法制》，法律出版社2008年版，第27页。

行为遭受侵害。受到投机炒作农产品违法行为侵害的经营者包括与投机炒作农产品的经营者经营同样业务、具有竞争关系的经营者和投机炒作农产品经营者的下游经营者。这些经营者没有从事投机炒作行为，他们不但无法获得在没有投机炒作行为的经营环境中可以获得的正常利润，还可能遭受由于投机炒作行为而造成的大量亏损，这些经营者可以作为请求权人请求投机炒作者承担民事责任。

2. 受到投机炒作违法行为侵害的消费者

因投机炒作者的行为受到损害的消费者也可以请求投机炒作者承担民事责任。在投机炒作者的恶意囤积、卡特尔、哄抬价格等行为的作用下，农产品的价格会一路高涨。而消费者对被炒作农产品的需求弹性很小，替代选择的余地不足。例如，大蒜是很多中国人菜肴中必不可少的调味品，这种大众调味品是无法被大葱、生姜等其他调味品取代的。对中国人而言，特定的菜肴中缺少了某种调味品就失去了这种菜肴的独特味道。正因如此，无论被投机炒作的农产品价格高涨到何种程度，依然有消费者购买食用。但是，消费者在万般无奈之下的购买行为是要付出几倍高价的，这是投机炒作农产品违法行为侵害消费者权益的表现。

在现实生活中遭受投机炒作者行为损害的消费者很可能数量众多，一些消费者出于时间精力、数额较小等考虑可能不会提起诉讼。但是，这种忍气吞声的做法不但无助于自己维权，还会纵容投机炒作者。2012 年 8 月 31 日修改通过的《中华人民共和国民事诉讼法》（以下简称《民事诉讼法》）为解决这一问题提供了法律路径。该法第 55 条规定了民事公益诉讼："对污染环境、侵害众多消费者合法权益等损害社会公共利益的行为，法律规定的机关和有关组织可以向人民法院提起诉讼。"在投机炒作行为侵害消费者合法权益的案件中，权益受到损害的主体数量众多，很难确定受害人的具体数量和身份。此时，有关的机关和组织可以为了这些受害者的公共利益向人民法院提起诉讼。当然，单个受害者也可以由于侵权人侵害消费者合法权益的行为直接请求保护个体利益，直接向人民法院提起诉讼，这与公益诉讼是不冲突的。

3. 间接购买情况下的请求权人

直接从投机炒作农产品的经营者处购买高价农产品的消费者是受到侵害的主体，是民事责任的请求权人。但是，从投机炒作农产品的经营者处购买农产品的经营者又将农产品转售给下游经营者，最终卖给消费者进行消费时，也就是在间接购买的情况下，如何确定民事责任的请求权人呢？

美国法院在 Illinois Brick Co v. Illinois 案中采用了直接购买者原则，即只有受到垄断行为侵害的直接购买人才具有原告资格。美国法院认为，如果承认损害可由直接购买人传递给间接购买人，那么直接购买人和间接购买人都可以请求同等数额的赔偿金，这会使被告承担双重责任。同时，如果将赔偿金进行分割会加重诉讼成本，使数量众多的原告无法确定能够获益，消减提起诉讼的积极性。❶ 与美国法院的判决不同，1977 年日本东京高等法院作出的"鹤岗灯油案"判决认为，作为间接购买者的消费者具有民事责任的请求权。❷ 该判决认为，在不公正的交易方法致使商品零售价格被不当抬高时，按照高价购买商品的消费者是受害者。原因是，消费者蒙受的多支付价款的损失是该不公正交易方法造成的。❸ 此外，在最高人民法院有关负责人就最高人民法院《关于审理垄断民事纠纷案件适用法律若干问题的规定（征求意见稿）》答记者问时指出，因垄断行为受到侵害的经营者和消费者都可以

---

❶ Illinois Brick Co v. Illinois. http：//en. wikipedia. org/w/index. php? title = Illinois_ Brick_ Co_ v. _ Illinois&action = edit，2013 年 7 月 5 日访问。

❷ 参见［日］1977 年 9 月 19 日东京高等法院第三特别部判决，载《判例时报》1986 年 863 号，第 20 页。转引自王玉辉著：《垄断协议规制制度》，法律出版社 2010 年版，第 255 页。

❸ ［日］实方谦二："东京高等裁判所灯油损害赔偿事件"，载《判例评论》1987 年 278 号，第 13 页。转引自王玉辉著：《垄断协议规制制度》，法律出版社 2010 年版，第 255 页。

作为原告。❶

上述判例和解释是针对垄断违法行为作出的，但是对本书仍有借鉴意义。投机炒作违法行为中的农产品卡特尔行为本身是垄断行为，应当适用反垄断法的规定。虽然恶意囤积农产品和哄抬农产品价格行为不能适用反垄断法的规定，但是这两种行为也是侵害了市场竞争秩序的行为，与垄断行为具有相似性。

本书认为，投机炒作农产品民事责任的请求权人应包括间接购买人，理由如下：

首先，《价格法》第41条和《反垄断法》第50条并没有将间接购买人排除在请求权人之外。"在理论上，包括直接和间接受到垄断行为侵害的经营者和消费者都具有原告资格。"❷

其次，作为间接购买人的消费者要承担被投机炒作的农产品被炒高的价格，是最终的受害者。被投机炒作的农产品事关消费者的日常生活，消费者对农产品价格的高低非常敏感。赋予消费者民事责任请求权不但可以填补其损害，还可以调动他们参与惩治投机炒作农产品行为的积极性。

再次，间接购买人作为投机炒作农产品民事责任的请求权人可以避免被告承担双重责任的结果。美国法院在 Illinois Brick Co v. Illinois 案中认为，如果直接购买人和间接购买人都可以请求同等数额的赔偿金，会使被告承担双重责任。但是，在转售的情况下，直接购买人已经将高价买来的商品转让给了间接购买人，此时的受害人已经是间接购买人，没有遭受损害的直接购买人不具有民事责任请求权，不会出现被告承担双重责任的结果，也不会产生直接购买人与间接购买人分

---

❶ "最高法院知产庭负责人就司法解释征求意见稿答记者问"，载 http：//rmfyb. china-court. org/paper/html/2011－04/26/content＿26388. htm？div＝－1，2013年7月5日访问。

❷ "最高法院知产庭负责人就司法解释征求意见稿答记者问"，载 http：//rmfyb. china-court. org/paper/html/2011－04/26/content＿26388. htm？div＝－1，2013年7月5日访问。

割损害赔偿金的情形。

最后,"从国际上看,赋予间接受害人原告资格也为越来越多的国家所采纳"❶。美国最高法院确立的直接购买者原则"在美国各界也广受质疑。一些州,如明尼苏达州、加州、北科罗拉多州、新墨西哥州、威斯康星州、密歇根州等,更是通过了'Illinois Bricks Repealer Statutes'(伊利诺伊砖块规则废除法令),允许消费者等间接购买者根据州法提起损害赔偿诉讼"❷。这说明将间接购买人纳入投机炒作农产品民事责任的请求权人之列更具合理性。

（二）投机炒作农产品民事责任的责任主体

投机炒作农产品的民事责任主体就是由于自己所实施的投机炒作农产品行为向受害人承担民事责任的农产品经营者以及其他主体。

1. 投机炒作农产品的经营者

组织实施农产品投机炒作的经营者为了达到自己获利的目的而从事恶意囤积农产品、哄抬农产品价格行为和达成农产品垄断协议,他们的行为造成了他人的损失,应当承担民事责任。

2. 投资参与投机炒作农产品的主体

实践中,还有一些虽然不具有农产品经营者的资质,却提供资金且与农产品的经营者合作投机炒作农产品的自然人、法人或者其他组织。这些主体不是经营者,但是其行为性质与农产品的经营者相同,也应是投机炒作农产品民事责任的承担者。如果仅仅是为投机炒作农产品的违法行为人提供信贷资金,但是没有参与投机炒作行为,这样的主体就不应被追究投机炒作农产品的民事责任。

3. 参与投机炒作农产品的行业协会

《价格法》和《反垄断法》都把民事责任的主体限定为经营者,

---

❶ "最高法院知产庭负责人就司法解释征求意见稿答记者问",载 http://rmfyb. china-court. org/paper/html/2011－04/26/content_ 26388. htm？div=－1,2013 年 7 月 5 日访问。

❷ 王玉辉著:《垄断协议规制制度》,法律出版社 2010 年版,第 256 页。

排除了行业协会。本书认为，行业协会应当承担侵权责任，但只能适用停止侵害的责任方式，不宜承担损害赔偿责任。理由如下：

与行政责任和刑事责任不同，民事责任是财产责任，主要是为了填补受害人的损害。行业协会组织、协助会员从事投机炒作农产品的行为是为了会员的利益，真正获益的是会员。在会员已经为投机炒作农产品的行为承担损害赔偿责任的情况下，再要求行业协会承担损害赔偿责任会产生不当的后果。这种不当的后果主要体现在：其一，行业协会组织、协助会员投机炒作农产品的行为与会员行为一起造成了他人的损害，会员承担民事责任即可填补受害人的损失。如果要求行业协会承担损害赔偿责任，会造成双重赔偿的结果。其二，行业协会是不以营利为目的的社会团体，没有经营性收入，其经费主要来源于会员的会费。要求其承担损害赔偿责任实质上还是要以会员的会费来赔偿，这对没有参与投机炒作行为的会员而言是不公平的。

三、投机炒作农产品民事责任的形式

投机炒作农产品民事责任的形式包括停止侵害和损害赔偿，退还价款不是一种民事责任形式。

（一）停止侵害

1. 应适用停止侵害的责任形式

停止侵害是指当侵权行为人实施的侵权行为仍然处于继续状态时，受害人可以依法要求加害人停止侵害行为。《价格法》和《反垄断法》并未明确规定停止侵害的民事责任。

在有关行政机关或者公检法机关尚未发现投机炒作农产品违法行为时，受到损害的主体可以向有权机关举报，要求制止违法行为。公权直接介入具有权威性，私人往往更愿意通过行政机关或者司法机关的力量来制止违法行为。在行政机关或者司法机关有权制止投机炒作违法行为的情况下，停止侵害的责任形式是否还有意义？本书认为，如果有权机关已经及时采取措施制止了正在进行的投机炒作违法行为，那么受到侵害的主体已经没有必要再要求停止侵害。但是，有关行政机关或者司法机关调查并制止投机炒作农产品行为需要一定的时间，现实生活中也可能会存在有权机关拖沓或者不作为的情形。此时，赋予投机炒作农产品行为受害者通过私人救济的方式要求停止正在进行的侵害行为，具有补充行政救济的积极意义。诚然，在行政救济有效的情况下，没有必要以私人救济的方式要求投机炒作违法行为人停止侵害。设计法律责任的目的是为了适用，但是不能以该责任适用的次数来判断是否应该加以规定。即使某种法律责任在司法实践中适用的几率较低，也应该加以规定，以便为当事人增加一个救济的途径。"德国 2005 年修订的《反对限制竞争法》第 33 条规定，只要受到违法行为的威胁，相关主体就享有停止侵害请求权。"❶

停止侵害针对的是正在进行的投机炒作农产品行为，其目的是排除处于继续状态的侵害，防止造成更大的损害。在投机炒作农产品的违法行为人实施的投机炒作行为仍然处于继续状态时，赋予受到损害的主体依法要求加害人停止投机炒作行为的权利具有积极意义。虽然《价格法》和《反垄断法》没有明确规定停止侵害的民事责任形式，但是投机炒作农产品构成侵权行为，理应适用《侵权责任法》的一般规定。因此，可以通过解释的方法对投机炒作农产品行为适用停止侵害的责任。当然，在将来修改《价格法》和《反垄断法》时，还应明确规定停止侵害的民事责任类型。

2. 对停止侵害适用的限制

停止侵害这种责任类型虽然是必要的，但是如果不加以限制也会产生不利后果。首先，要求违法行为人承担停止侵害责任的费用较低，认为受到投机炒作农产品行为影响的主体有可能滥用该请求权。其次，

---

❶ 中国世界贸易组织研究会竞争政策与法律专业委员会编著：《中国竞争法律与政策研究报告（2011 年）》，法律出版社 2012 年版，第 123 页。

具有竞争关系的经营者很可能通过行使停止侵害请求权达到阻止竞争对手的正当经营活动、诋毁经营对手商业声誉的目的。再次，可能受到投机炒作农产品行为影响的经营者和消费者是不特定的，这些主体数量较多，在他们纷纷要求停止侵害时，会增加法院的受案量，浪费司法资源。

因此，应从以下几方面对停止侵害的适用加以限制：

首先，只有在行政机关没有采取措施或者措施无效的情况下，受到投机炒作农产品违法行为影响的主体方可以私人救济方式提出停止侵害的请求。

其次，应规定有关主体要求停止侵害时要提供投机炒作农产品违法行为正在进行且给请求人造成损害的确切证据，否则不予立案。

再次，如果众多主体针对同一投机炒作违法行为提出停止侵害的请求，法院可以合并审理。法院在已经对某一投机炒作违法行为作出停止侵害的裁决后，不再受理针对同一投机炒作违法行为的停止侵害请求。

（二）损害赔偿

损害赔偿是投机炒作农产品最主要的民事责任形式。"损害赔偿、罚款和罚金之间的区别主要为严厉程度不同、赔偿金额缴付的对象不同，民事赔偿金缴付的对象是个体，而罚款、罚金缴付的对象主要是国家。"❶ 在受害人由于投机炒作者的行为遭受财产损失的情况下，可以要求违法行为人承担损害赔偿责任，以填补自己的损失。《价格法》第41条规定，经营者因价格违法行为致使消费者或者其他经营者遭受损害的，应当依法承担赔偿责任。《反垄断法》第50条规定，经营者实施垄断行为，给他人造成损失的，依法承担民事责任。

1. 投机炒作农产品造成的损害

"损害，谓因损害事故之发生赔偿权利人现有财产所减少之

---

❶ 丁国峰著：《反垄断法律责任制度研究》，法律出版社2012年版，第85页。

额数。"❶ 投机炒作农产品违法行为造成的损害是经营者和消费者遭受的损失。

（1）具有竞争关系的经营者的损失。

具有竞争关系的经营者与从事投机炒作农产品违法行为的经营者处于同一市场，违法经营者的恶意囤积、哄抬物价以及卡特尔行为会造成与其竞争的经营者难以按照正常价格组织货源而减少销售量。具有竞争关系经营者的损失为单位农产品的正常利润与正常销售量的乘积。

（2）下游经营者的损失。

从事投机炒作农产品违法行为的主体一般是实力雄厚的上游批发商。如果下游经营者按照正常的利润将从投机炒作者处购买的农产品销售出去，那么其在这部分农产品的购买价格方面不存在损失，因为损失已经转嫁给购买者。另外一种情形是：在投机炒作者恶意囤积农产品而不断推高价格的情况下，下游经营者高价购入正常库存的农产品出售，结果恶意囤积农产品行为人突然大规模抛售，导致农产品价格狂跌，下游经营者只能降价出售农产品。此时，单位农产品的损失为购买价与卖出价之间的差额加上正常利润，单位农产品的损失与该部分农产品数量的乘积为这部分农产品造成的损失。如果下游经营者由于投机炒作者恶意囤积、哄抬价格以及卡特尔行为造成销售量减少，那么单位农产品的正常利润与减少的销售量的乘积是其损失。下游经营者遭受的损失为以上各种情况下损失的总和。需要注意的是，如果下游经营者在购入农产品之后，该农产品的价格还在上涨，那么其转售时的获利与正常利润之间的差额为其额外所获利益。在计算损失时，这部分利益应当与损失充抵，即相应减少损失数额。

（3）消费者的损失。

消费者处于被投机炒作的农产品销售链条的最终端，农产品被炒

---

❶ 曾世雄著：《损害赔偿法原理》，中国政法大学出版社 2001 年版，第 136 页。

高的价格最终要由消费者承担。消费者遭受的损失为支出的高价与合理价格之间的差价。这种计算方法在日本"鹤岗灯油案"中被采用，"法院认为，因为被告的卡特尔行为而使煤油的批发价上涨，所以，以煤油的零售价格（原告购入的价格）与卡特尔未存在时应有的价格间的差额作为损害额"❶。

当然，经营者和消费者主张以上损失时要提供证据加以证明，否则无法获得相应赔偿。

2. 投机炒作农产品损害赔偿的金额

损害赔偿的主要目的是填补受害人的损失，因此，损害赔偿的金额一般等于受害人遭受的损失。如果损害赔偿的金额超过受害人遭受的损失，这种赔偿即属于惩罚性损害赔偿。在竞争法领域，美国采用绝对 3 倍赔偿，是典型的惩罚性损害赔偿。美国《谢尔曼法》第 7 条规定，任何因反托拉斯法所禁止的事项而遭受财产或营业损害的人，可在被告居住的、被发现的或有代理机构的区向美国区法院提起诉讼，不论损害大小，一律给予其损害额的 3 倍赔偿及诉讼费和合理的律师费。美国《克莱顿法》第 4 条重申了该惩罚性损害赔偿。我国台湾地区规定了 1~3 倍的损害赔偿，台湾地区"公平交易法"第 32 条规定，法院因前条被告人之请求，如为事业之故意行为，得依侵害情节，酌定损害额以上之赔偿，但不得超过已证明之损害额之 3 倍。在法院判决被告承担 1 倍以上的损害赔偿额时，这种赔偿责任具有惩罚性。我国 2013 年修正的《消费者权益保护法》第 55 条规定，经营者提供商品或者服务有欺诈行为的，应当按照消费者的要求增加赔偿其受到的损失，增加赔偿的金额为消费者购买商品的价款或者接受服务的费用的 3 倍；增加赔偿的金额不足 500 元的，为 500 元。法律另有规定的，依照其规定。经营者明知商品或者服务存在缺陷，仍然向消费者提供，

---

❶ 王玉辉著：《垄断协议规制制度》，法律出版社 2010 年版，第 258 页。

造成消费者或者其他受害人死亡或者健康严重损害的，受害人有权要求经营者依照本法第49条、第51条等法律规定赔偿损失，并有权要求所受损失2倍以下的惩罚性赔偿。

请求行为人承担惩罚性损害赔偿责任需要法律作出明确规定。《价格法》第41条和《反垄断法》第50条都没有规定惩罚性损害赔偿。那么我国是否有必要规定投机炒作农产品的惩罚性损害赔偿责任呢？本书持否定意见，理由如下：

（1）惩罚性损害赔偿可能引发当事人滥诉，加重法院的工作负担。

惩罚性损害赔偿不但可以使受害人补偿所遭受的损失，还可以使其获得额外的收益，这可能引发滥诉的不当后果。尤其是在可能受到投机炒作农产品违法行为影响的下游经营者和消费者人数众多的情况下，那些尚未确定是否遭受损害的主体可能在利益的驱使下纷纷提起诉讼。美国规定任何因反托拉斯法所禁止的事项而遭受财产或营业损害的人，可以请求所受损失3倍的赔偿以及合理的律师费，这使得美国私人诉讼的趋势越来越猛。[1]美国之所以通过判例确立直接购买人才能作为适格的原告，也有抵消3倍惩罚性损害赔偿带来的消极后果的目的。

（2）惩罚性损害赔偿可能会导致相关经营者踌躇不前。

考虑到被禁止行为在定义上的不确定性，以及对具体行为适用该定义的不确定性，严厉的惩罚也许会阻止处于禁止边缘的合法行为，它们也许导致潜在的被告过于回避他意图进入的区域。[2]惩罚性损害赔偿具有严厉的阻吓后果，可能会导致经营者在正常囤积和宣传农产品时过于谨慎，从而为了避免承担重大的不利后果而选择放弃一些经营行为。

---

[1] 李国海著：《反垄断法实施机制研究》，中国方正出版社2006年版，第210页。

[2] ［美］理查德·A. 波斯纳著：《反托拉斯法》（第2版），孙秋宁译，中国政法大学出版社2003年版，第314页。

（3）惩罚性损害赔偿的物质利益方面的威慑作用可以通过行政责任或者刑事责任来体现。

惩罚性损害赔偿无疑会使违法行为人丧失更多的物质利益，对其产生巨大的威慑作用。但是，通过增加行政罚款或者刑事罚金的数额同样可以起到惩罚性损害赔偿的上述作用，没有必要一定规定具有上述负面影响的惩罚性损害赔偿。

3. 对损害赔偿责任适用的限制

与停止侵害责任相同，如果不对损害赔偿责任加以限制，也会产生如下不利后果：认为受到投机炒作农产品行为影响的主体有可能滥用请求权，具有竞争关系的经营者会通过提起损害赔偿诉讼达到阻止竞争对手的正当经营活动、诋毁经营对手商业声誉的目的，增加法院的受案量、浪费司法资源。

对损害赔偿民事责任的适用可以从以下几方面加以限制：

首先，规定有关主体请求损害赔偿时要提供投机炒作农产品违法行为给请求人造成损害的确切证据，否则不予立案。

其次，如果众多主体针对同一投机炒作违法行为提出损害赔偿请求，法院可以合并审理。法院也可以要求当事人采用集团诉讼的方式，选派代表人参加诉讼。

此外，虽然现实生活中受到损害的经营者、尤其是消费者人数众多，但是在损失数额较小的情况下，这些主体会对可能获得的赔偿与要花费的费用及付出的时间精力进行比较，其结果往往是受到较为严重侵害、损失较大的请求权人才提起诉讼。笔者对北大法宝数据库的案例库进行检索，没有发现一例依据《价格法》请求损害赔偿的案例。这在一定程度上说明，提起民事损害赔偿诉讼还是受到许多条件限制的，将来投机炒作农产品损害赔偿请求权滥用的情形可能不多。

（三）退还价款不是一种民事责任形式

根据《价格法》第41条的规定，经营者因价格违法行为致使消费者或者其他经营者多付价款的，应当退还多付部分。退还多付价款是否为一种民事责任形式呢？答案是否定的。从法律性质上讲，退还多付价款行为是不当得利返还。《民法通则》第 92 条规定，没有合法根据，取得不当利益，造成他人损失的，应当将取得的不当利益返还受损失的人。经营者实施价格违法行为，取得了不当利益，造成了消费者或者其他经营者多付价款，符合不当得利的构成要件。不当得利返还是债的一种形式，其本身不是民事责任。《价格法》第 41 条同时规定了不当得利返还和赔偿责任。本书认为，经营者的价格违法行为使消费者或者其他经营者多付了价款、造成损失的情况构成请求权竞合。受到损害的消费者或者经营者可以在请求返还不当得利和请求承担赔偿责任二者中选择一种对己有利的方式来主张权利。

四、投机炒作农产品民事责任的归责原则

归责原则是在行为人造成他人损害时确定行为人责任的标准。投机炒作农产品民事责任适用过错责任原则还是无过错责任原则呢？

过错责任原则是指行为人主观上的故意或者过失是侵权行为必备要件的归责原则。根据《侵权责任法》第 6 条的规定，行为人因过错侵害他人民事权益，应当承担侵权责任。过错是行为人故意或过失的主观心理状态。无过错责任原则是指行为人虽然主观上没有过错，但是其行为造成了损害，仍然应当承担侵权责任的归责原则。根据《侵权责任法》第 7 条的规定，行为人损害他人民事权益，不论行为人有无过错，法律规定应当承担侵权责任的，要依照法律规定承担责任。

从前文关于投机炒作农产品的主观要件可以得知，投机炒作农产品的行为人主观上是以获得高额利润为目的，故意实施投机炒作农产品的行为。而且，适用无过错责任原则的特殊侵权案件要由法律明确规定，投机炒作农产品行为不在现行法规定之列。因此，无过错责任原则不能作为投机炒作农产品侵权责任的归责原则。但是，在采用过

错责任原则的情况下，如果要求受害人证明投机炒作者的主观过错是非常困难的，其他经营者和消费者很可能因为没有证据而败诉。因此，投机炒作农产品的民事侵权责任应当采用过错推定责任原则。过错推定是指："法律规定行为人侵害他人人身、财产并造成损害的，应负民事责任，但如果加害人能够证明损害不是由于他的过错所致，可以被免除责任。"[1] 采用过错推定责任原则，行为人致人损害就先认定其有过错，其如果能证明自己没有过错，就不承担民事责任。"被告所实施的侵权行为本身即是一种过错行为，其行为包含了侵权行为法所要求的过错，因此，被告应对此种过错行为承担责任。"[2] 采用过错推定责任原则可以将证明过错与否的举证责任加给行为人，充分保障受害人的利益。

第三节　投机炒作农产品的刑事责任

刑事责任，也称刑罚，"是国家为了防止犯罪行为对法益的侵犯，由法院根据刑事立法，对犯罪人适用的建立在剥夺性痛苦基础上的最严厉的强制措施"[3]。刑事责任是犯罪的法律后果，严重的投机炒作农产品违法行为人应承担刑事责任。

一、与投机炒作农产品相关的投机倒把罪

1979 年《刑法》曾经规定投机倒把罪。该法第 117 条规定，违反金融、外汇、金银、工商管理法规，投机倒把，情节严重的，处 3 年以下有期徒刑或者拘役，可以并处、单处罚金或者没收财产。第 118

---

[1] 王利明、杨立新著：《侵权行为法》，法律出版社 1996 年版，第 35 页。
[2] 张民安著：《过错侵权责任制度研究》，中国政法大学出版社 2002 年版，第 688~689 页。
[3] 张明楷著：《刑法原理》，商务印书馆 2011 年版，第 434 页。

条规定，以走私、投机倒把为常业的，走私、投机倒把数额巨大的或者走私、投机倒把集团的首要分子，处 3 年以上 10 年以下有期徒刑，可以并处没收财产。第 119 条规定，国家工作人员利用职务上的便利，犯走私、投机倒把罪的，从重处罚。按照投机倒把罪处罚的包括"囤积居奇、哄抬物价"等行为。❶

1982 年，第五届全国人大常委会第二十二次会议通过了《关于严惩严重破坏经济的犯罪的决定》，规定对投机倒把牟取暴利等经济犯罪活动进行严惩，将《刑法》第 118 条走私、套汇、投机倒把牟取暴利罪修改为："……情形特别严重的，处 10 年以上有期徒刑、无期徒刑或者死刑，可以并处没收财产。国家工作人员利用职务犯前款所列罪行，情节特别严重的，按前款规定从重处罚。" 1985 年，最高人民法院、最高人民检察院《关于当前办理经济犯罪案件中具体应用法律的若干问题的解答（试行）》规定了包括违反国家的价格规定，哄抬物价、扰乱市场、牟取暴利的行为在内的 8 个方面的投机倒把行为。

1992 年中共十四大确立了建立市场经济体制的目标，一些原来在计划经济体制下被当作投机倒把禁止的行为成为市场经济体制下的正当经营行为。"1997 年 3 月，八届全国人大五次会议修订的《中华人民共和国刑法》，将投机倒把罪除名，并分解出几种常见罪，分别是合同诈骗罪，非法经营罪，强迫交易罪，倒卖车票、船票罪，非法转让、倒卖土地使用权罪等。" ❷ 至此，作为一种"口袋罪"而饱受诟病的投机倒把罪不复存在。投机倒把罪中除了与市场经济体制不符的行为类型被彻底剔除，其余的行为类型被分解、细化为独立的罪名，依然在发挥调整社会关系的作用。

---

❶ 乔伟主编：《新编法学词典》，山东人民出版社 1985 年版，第 449 页。

❷ 张学兵："当代中国史上'投机倒把罪'的兴废——以经济体制的变迁为视角"，载《中共党史研究》2011 年第 5 期。

二、规定投机炒作农产品刑事责任的理由

虽然投机倒把罪作为罪名已经成为历史，但是为了有效规制严重危害社会的投机炒作农产品行为，还应当追究投机炒作农产品构成犯罪的行为人的刑事责任，理由如下。

（一）严重的投机炒作农产品行为具有很大的社会危害性

投机炒作者实施的恶意囤积农产品、农产品卡特尔和哄抬农产品价格等行为会造成农产品价格暴涨，严重侵害公平自由的市场竞争秩序，严重损害消费者和其他经营者的利益。因此，这种严重的投机炒作行为具有很大的社会危害性，达到了应受刑罚处罚的程度。刑事责任是最严厉的制裁方法，对严重危害社会的犯罪行为人追究刑事责任可以起到有效的震慑作用。现行《刑法》第三章第八节规定了"扰乱市场秩序罪"，严重危害市场秩序的行为是应当受到刑罚处罚的。

追究投机炒作者的刑事责任不违反刑法的谦抑性，而是维护社会经济秩序的现实需要。"谦抑这个词是从日本传过来的，它的基本含义就是减少、压缩和节制，而谦抑的反义词是扩张、滥用和膨胀。刑法谦抑性的基本精神就是要尽可能地减少刑罚的使用，不能滥用刑罚。……刑法不仅仅是国家打击犯罪的一种手段，与此同时，刑法在打击犯罪的时候是有代价和社会成本的，因此刑法并不是越重越好，而是应当有节制，应当'不得已而为之'。尤其是要追求刑法的有效性。"❶ 刑法的谦抑性是指在违法行为产生了严重后果，如果不采用最严厉的刑罚手段无法有效遏制违法行为的情况下才能施加刑事责任。刑法的谦抑性体现了刑法作为最后手段使用的维护社会秩序的底线功能。严重的投机炒作行为扰乱了市场秩序，仅追究其民事责任和行政责任不能起到有效的威慑作用。此时，对危害严重的投机炒作农产品

---

❶ 陈兴良："当代中国的刑法理念"，载《国家检察官学院学报》2008 年第 3 期。

违法行为人处以刑罚是十分必要的。

（二）投机炒作农产品的刑事责任与行政责任、民事责任相互协调配合，构成完整的责任体系

投机炒作农产品的民事责任、行政责任和刑事责任各有不同的功能和优势，它们相互协调配合才能有效规制投机炒作农产品违法行为。民事责任主要是填补受害人的损失，使投机炒作者达不到获取非法利益的目的。与民事责任和刑事责任相比，行政责任的追究由行政机关负责，不必经过烦琐的司法程序，具有高效便捷的特点，它比民事责任严厉，但又比刑事责任宽松。刑事责任可以有效弥补民事责任和行政责任威慑力不足的缺陷，起到以最严厉的处罚保障法律的实施和震慑违法行为人的作用。具体的投机炒作农产品违法行为给消费者以及其他经营者造成的损失数额大小不一，对市场秩序造成的危害程度不同，为了体现预防与惩罚并重的法律实施效果，应视违法行为的具体情节要求行为人承担轻重不同的法律责任。只有投机炒作农产品的民事责任、行政责任和刑事责任充分发挥不同的功能，体现各自的优势，才能达到有效规制投机炒作农产品违法行为的目的。"在法国，对价格违法行为可以单处或者并处以下 6 种处罚：（1）警告或责令改正。（2）禁止销售有关商品。（3）没收、销毁商品。（4）曝光。（5）罚款。（6）判刑。"❶ 刑事责任作为有效规制投机炒作农产品违法行为责任体系的重要组成部分，是无法被取代的。

（三）与投机炒作农产品行为类似、较轻的行为已经规定为犯罪行为

现行《刑法》第三章第八节题为"扰乱市场秩序罪"，该节规定了 10 种扰乱市场秩序的犯罪行为。严重的投机炒作农产品行为的社会危害性不亚于该节规定的犯罪。例如，《刑法》第 242 条规定了虚假广告罪：广告主、广告经营者、广告发布者违反国家规定，利用广告对商

---

❶ 吴伟达著：《反垄断法视野中的价格竞争》，浙江大学出版社 2005 年版，第 60 页。

品或者服务作虚假宣传，情节严重的，处 2 年以下有期徒刑或者拘役，并处或者单处罚金。虚假广告行为与捏造、散布涨价信息哄抬农产品价格的行为具有相似性，虚假广告行为要被追究刑事责任，以捏造、散布涨价信息哄抬农产品价格的方式投机炒作农产品也应被处以刑罚。

再如，《刑法》第 221 条规定了损害商业信誉、商品声誉罪：捏造并散布虚伪事实，损害他人的商业信誉、商品声誉，给他人造成重大损失或者有其他严重情节的，处 2 年以下有期徒刑或者拘役，并处或者单处罚金。损害商业信誉、商品声誉针对的是个别经营者的商业信誉或者商品声誉，从影响范围上讲，投机炒作农产品的行为造成的危害范围更大，涉及的受害人更多，对危害性更大的投机炒作农产品行为也应追究刑事责任。

（四）规定投机炒作农产品的刑事责任不是历史的倒退

如前所述，1997 年八届全国人大五次会议修订的《刑法》取消了投机倒把罪。在修订《刑法》之前，一直有专家学者建议取消投机倒把罪的罪名。"就刑法而言，正确的刑法规范是正确的形式——罪状与罪名——与正确的内容的统一。众所周知，罪名正确与否，取决于是否高度、准确地概括行为本质特征，罪状与内容正确与否，取决于是否反映社会与经济发展规律，矛头所向的行为是否真正具有较严重的社会危害性。罪名所指，必须具有质的排他性，不能模糊合法行为和非法行为的界限。……一个简单的事实是，某些投机倒把行为已被认为合法，如长途贩运、证券交易。"❶ 在发展社会主义市场经济的大背景下，投机倒把罪作为一个罪名被取消，但并不是投机倒把罪所涵盖的所有罪状都不复存在，在剔除了市场经济体制下合法的行为之后，投机倒把罪中仍然应受刑罚处罚的行为被分解为合同诈骗罪，非法经营罪，倒卖车票船票罪，非法转让、倒卖土地使用权罪等罪名。因此，

---

❶ 郭嘉发、曾粤兴："再论投机倒把罪应予废除"，载《法律科学》1994 年第 6 期。

追究投机炒作农产品行为人的刑事责任是基于维护社会秩序产生的现实需要，并不是在炒历史上的投机倒把罪的冷饭，更不是要恢复投机倒把罪的罪名。

三、目前规定投机炒作农产品刑事责任的路径

（一）目前有关规定的缺陷

《价格法》没有关于对价格违法行为追究刑事责任的规定。《价格违法行为行政处罚规定》第19条规定，有本规定所列价格违法行为严重扰乱市场秩序，构成犯罪的，依法追究刑事责任。该条规定并没有明确依据《刑法》的哪条规定来追究刑事责任。而且，根据《立法法》，刑事责任应当以法律的形式加以规定，《价格违法行为行政处罚规定》是国家发改委颁布的行政规章，它并没有资格规定应由法律规定的刑事责任，这不符合刑法的"罪刑法定原则"。

有关司法解释明确规定了在特定时期投机炒作的刑事责任。最高人民法院、最高人民检察院《关于办理妨害预防、控制突发传染病疫情等灾害的刑事案件具体应用法律若干问题的解释》第6条规定，违反国家在预防、控制突发传染病疫情等灾害期间有关市场经营、价格管理等规定，哄抬物价、牟取暴利，严重扰乱市场秩序，违法所得数额较大或者有其他严重情节的，依照《刑法》第225条第（4）项的规定，以非法经营罪定罪，依法从重处罚。《刑法》第225条规定，违反国家规定，有下列非法经营行为之一，扰乱市场秩序，情节严重的，处5年以下有期徒刑或者拘役，并处或者单处违法所得1倍以上5倍以下罚金；情节特别严重的，处5年以上有期徒刑，并处违法所得1倍以上5倍以下罚金或者没收财产：未经许可经营法律、行政法规规定的专营、专卖物品或者其他限制买卖的物品的；买卖进出口许可证、进出口原产地证明以及其他法律、行政法规规定的经营许可证或者批准文件的；未经国家有关主管部门批准非法经营证券、期货、保险业

务的，或者非法从事资金支付结算业务的；其他严重扰乱市场秩序的非法经营行为。但是，根据上述司法解释，只有在违反国家在预防、控制突发传染病疫情等灾害期间有关市场经营、价格管理等规定，哄抬物价的，才能根据非法经营罪追究投机炒作农产品行为人的刑事责任。如果是在其他时期发生了投机炒作农产品行为，该条规定是无法适用的。

（二）通过司法解释，依据现行法追究刑事责任

在没有修正《刑法》、增加有关条款的情况下，最有效的办法是由最高人民法院、最高人民检察院通过发布司法解释的方式，规定违反价格管理、市场经营法律的囤积居奇、哄抬价格等行为按照非法经营罪追究投机炒作者的刑事责任，无论该行为是否发生在预防、控制突发传染病疫情等灾害期间。当然，上述司法解释所规定的产品应不限于农产品，投机炒作农产品作为罪状之一适用该司法解释即可。

"现行《刑法》第225条规定的非法经营罪，理论界一般认为是从1979年《刑法》中的投机倒把罪中分离出来的。"[1] "随着市场经济制度的确立和发展，原先破坏计划经济的行为不再认为是犯罪。剔出投机倒把罪中的一部分行为并将其分解细化，才能适应社会发展的需要，非法经营罪正是从投机倒把罪中分离出来的一个罪名。"[2] 可见，非法经营罪与历史上的投机倒把罪具有传承关系，把原本规定在投机倒把罪中的囤积居奇、哄抬价格等没有列为单独罪名的行为按照非法经营罪追究刑事责任具有逻辑上的一致性。规定非法经营罪的《刑法》第225条之"（四）其他严重扰乱市场秩序的非法经营行为"具有开放性，其虽然也具有"口袋罪"属性，但是目前为司法解释将某些严重危害社会的违反市场经济秩序的行为纳入刑法的调整范围留下了余地。

---

[1] 杨兴培、李翔著：《经济犯罪和经济刑法研究》，北京大学出版社2009年版，第275页。

[2] 杨兴培、李翔著：《经济犯罪和经济刑法研究》，北京大学出版社2009年版，第275～276页。

四、未来规定投机炒作农产品刑事责任的建议

（一）制定刑法修正案增加相关法律条文

通过司法解释的方式，依据现行法追究投机炒作农产品的刑事责任仅仅是权宜之计，应尽快通过制定刑法修正案的方式增加相关法律条文。"非法经营罪这一罪名近年来在中国乃饱受诟病的一大'口袋罪'。因为其法条第（4）项的空白罪状表述方式呈现出高度概括性和抽象性，这对灵活发挥刑法能动作用、全面打击经济犯罪虽有较大实际价值，但久而久之盲目扩张化使用则又难免演变成法律的滥用。当运用其他手段不能形成对经济脱序行为有效规制时，刑罚就会被看作弹压、威吓经济脱序行为之法宝随意祭起。故倘若草率启用该法条，既可能背离刑法定罪原则，也可能诱发国家对市场经济的过分干预。"❶所以，最终还应通过制定刑法修正案的方式，增加相关法律条文来作为追究投机炒作农产品刑事责任的依据。

当然，新增加的法条不必局限于规制投机炒作农产品的违法行为。投机炒作农产品违法行为中的囤积居奇、哄抬价格仅仅是价格违法行为的组成部分，没有必要为投机炒作农产品行为设置单独的罪名。刑法修正案可以对价格违法行为单独设置法条，将投机炒作农产品的具体表现列入价格犯罪行为之中，成为价格犯罪的罪状之一。当然，目前一些学者主张针对垄断行为设置垄断罪，如果将来刑法规定垄断罪，构成犯罪的农产品卡特尔行为应适用垄断罪的相关规定。

（二）投机炒作农产品犯罪的犯罪构成

构成犯罪是投机炒作农产品行为人承担刑事责任的前提，刑事责任是投机炒作犯罪的法律后果。下文简要分析投机炒作农产品犯罪的

---

❶ 欧阳爱辉："刍议哄抬价格行为的入罪化"，载《中国发展》2012 年第 2 期。

犯罪构成。

1. 投机炒作农产品犯罪的主体方面

投机炒作农产品犯罪的主体是从事农产品投机炒作活动的经营者及其他相关主体。从事投机炒作行为的经营者主要是处于农产品流通环节上游的经济实力较强的批发商。除了农产品经营者之外，一些掌握资金的主体可能与农产品经营者合谋，借助后者的资格从事投机炒作农产品的行为。这些主体也可能是投机炒作农产品犯罪的主体。

2. 投机炒作农产品犯罪的主观方面

投机炒作农产品犯罪的主观方面必须是故意且以获取不当利益为目的。投机炒作农产品行为人明知行为的后果而为之，同时其目的是为了通过投机炒作行为获取暴利。

3. 投机炒作农产品犯罪的客体方面

投机炒作农产品犯罪行为会造成农产品价格暴涨，严重侵害公平自由的市场秩序，严重损害消费者和其他经营者的利益，是具有很大社会危害性的行为。

4. 投机炒作农产品犯罪的客观方面

投机炒作农产品犯罪的客观方面表现为采取囤积居奇手段改变农产品供求关系，凭借捏造、散布涨价信息推动农产品价格非正常上涨的情节严重的行为。与受到民事制裁和行政制裁的投机炒作农产品行为不同，达到犯罪程度的投机炒作农产品行为必须具有严重的犯罪情节。严重的犯罪情节可以从投机炒作农产品的数量、价格上涨的程度、影响的范围以及获取暴利的程度等方面综合考量。

（三）投机炒作农产品的刑事责任的类型

1. 罚金、没收财产的财产刑

"罚金是法院判处犯罪分子向国家缴纳一定数额金钱的刑罚方法。"[1]

---

[1] 张明楷著：《刑法原理》，商务印书馆 2011 年版，第 458 页。

"没收财产是将犯罪人所有财产的一部或者全部强制无偿地收归国有的刑罚方法。"❶ 罚金和没收财产都属于财产刑。

严重的投机炒作农产品违法行为属于经济犯罪的范畴。"所谓经济犯罪，是指违反国家有关工农业、财政、金融、税收、价格等管理法规，破坏国家经济管理活动，非法获取财产利益，依照法律应当受刑法处罚的行为。"❷ 对经济犯罪规定罚金、没收财产的财产刑不但无须花费较大的执行费用，还能够增加国库收入；不但能够剥夺犯罪行为人实施经济犯罪的资本，还可以震慑潜在犯罪行为人。

前已述及，投机炒作农产品可以被处以行政罚款。在法律规定了罚款的行政责任时，是否还有必要规定罚金？罚款与罚金都可以使行为人丧失一定的财产利益，但是与罚款相比，罚金刑是更严厉的处罚。对投机炒作农产品的行为人而言，罚金不仅可以与罚款一样使其损失财产利益，还意味着刑法上的否定性评价。通过罚金给予投机炒作农产品行为人刑法上否定性评价是与其犯罪行为相适应的。当然，为了避免造成多重处罚的后果，行政罚款和罚金不应当同时适用，即对构成犯罪的违法行为人处以罚金即可，不必同时处以罚款处罚。

根据《刑法》第64条，犯罪分子违法所得的一切财物，应当予以追缴或者责令退赔。没收财产指向的是违法行为人所有的合法财产，追缴违法所得指向的是违法行为人的非法收入，没收财产与追缴违法所得并不相同。在追缴违法所得后，如有必要，还可以没收犯罪人的财产。

2. 管制、拘役、有期徒刑等自由刑

"管制是对罪犯不予关押，但限制其一定自由，由公安机关执行和群众监督改造的刑罚方法。"❸ 根据《刑法》的规定，管制的期限为3个月以上2年以下，数罪并罚时不得超过3年。"拘役是短期剥夺犯罪

---

❶ 张明楷著：《刑法原理》，商务印书馆2011年版，第464页。

❷ 杨兴培、李翔著：《经济犯罪和经济刑法研究》，北京大学出版社2009年版，第4页。

❸ 张明楷著：《刑法原理》，商务印书馆2011年版，第448页。

人自由，就近实行劳动改造的刑罚方法。"❶ 根据《刑法》的规定，拘役的期限为 1 个月以上 6 个月以下，数罪并罚时不得超过 1 年。"有期徒刑是剥夺犯罪人一定期限的自由，实行强迫劳动改造的刑罚方法。"❷ 根据《刑法》的规定，有期徒刑的期限为 6 个月以上 15 年以下，数罪并罚时不得超过 20 年。与财产刑相比，自由刑具有更强的威慑作用。只有自由刑与财产刑相结合，才能最大限度发挥投机炒作农产品刑事责任的作用。

而"无期徒刑是自由刑中最严厉的刑罚方法，主要表现在剥夺犯罪人终身人身自由"❸。"死刑的内容是剥夺犯罪人的生命，故被称为生命刑；由于生命具有最宝贵的、剥夺后不可能恢复的价值，死刑成为刑罚体系中最为严厉的刑罚方法，故被称为极刑。"❹ 投机炒作农产品行为属于扰乱市场秩序的经济犯罪，综合考虑扰乱市场秩序罪的刑罚以及价格犯罪的社会危害性，不宜设置无期徒刑和死刑这样的严厉刑罚方式。

---

❶ 张明楷著：《刑法原理》，商务印书馆 2011 年版，第 459 页。
❷ 张明楷著：《刑法原理》，商务印书馆 2011 年版，第 451 页。
❸ 张明楷著：《刑法原理》，商务印书馆 2011 年版，第 452 页。
❹ 张明楷著：《刑法原理》，商务印书馆 2011 年版，第 453 页。

第七章 结 论

近年来，一些农产品价格轮番大幅上涨。2010 年的国务院常务会议提出，"要严厉打击炒作农产品等违法违规行为"。将"投机"与"炒作"结合在一起的"投机炒作农产品违法行为"，是对近年来在我国发生的，运用投机性资金，利用一些农产品产地集中、季节性强、产量下降、市场信息不对称等特点，通过恶意囤积、相互串通、哄抬价格等手段人为造成农产品价格暴涨行为的概括。

（1）关于投机炒作农产品违法行为的界定。其一，投机炒作农产品违法行为的主体。投机炒作农产品的主体是农产品生产经营者及其他相关主体。从主体组织形态角度观察，投机炒作农产品违法行为的主体包括自然人、法人和其他组织。从经济活动的环节审视，投机炒作农产品违法行为的主体主要是流通环节的经营者。从主体与农产品生产经营的关系判断，投机炒作农产品的主体主要是农产品的经营者，也包括一些未经核准登记从事农产品经营的主体和行业协会。其二，投机炒作农产品违法行为的主观心态。投机炒作农产品违法行为人是故意实施违法行为且具有牟取不正当利益的目的，投机炒作者的逐利本性是其从事投机炒作行为的源动力。其三，投机炒作农产品违法行为的客观表现。从汉语中"投机"一词的语义来看，其最初的语义是利用时机。经济学界将"投机"解释为一种交易行为。在现代汉语中，"投机"一词带有贬义色彩，具有违法犯罪的意义。投机炒作农产品违法行为表现为：恶意囤积农产品造成市场上的农产品数量减少，通过媒体等途径大肆散布涨价信息造成农产品价格暴涨，在价格达到预期高点时迅速抛售获利。为了达到最佳的投机炒作效果，参与投机炒作的经营者会采取一致行动限制销售数量和共同推高农产品价格。投机炒作的对象是主粮之外的小宗农产品。被投机炒作的农产品需求数量相对固定且无法替代，产品产量相对固定、产地集中，生产周期长、易储藏。其四，投机炒作农产品违法行为具有社会危害性。投机炒作农产品违法行为侵害了公平自由的市场秩序。具体而言，投机炒作农产品违法行为扰乱农产品市场竞争秩序，扰乱农产品生产供应秩序，扰乱下游生产经营秩序，扰乱消费秩序，扰乱同业经营秩序以及扰乱金融市场秩序。

（2）关于投机炒作农产品违法行为的具体表现。其一，恶意囤积农产品。恶意囤积是指投机炒作者通过大量收购、囤积大蒜、生姜、绿豆等小宗农产品造成市场上农产品的供应量不足，从而引发该农产品的价格大涨，然后通过抛售获取暴利。对恶意囤积农产品的认定：恶意囤积农产品的主体主要是经销商；在主观上是为了获得高额的利润而故意囤积；在客观上表现为超出正常的存储数量或者存储周期，大量囤积市场供应紧张、价格发生异常波动的农产品；事前告诫是对其进行定性处罚的法定前置程序。恶意囤积农产品的法律适用：《价格法》第 14 条和《价格违法行为行政处罚规定》第 6 条可以作为处罚恶意囤积农产品的依据。其二，哄抬农产品价格。哄抬农产品价格是指农产品经营者、行业协会等单位捏造、散布涨价信息，或者利用其他手段推动农产品价格过快、过高上涨的行为。对哄抬农产品价格的认定：哄抬农产品价格的行为人主要是储存了一定数量农产品的上游经营者，行业协会和为农产品交易提供服务的单位也可能实施该行为；主观方面是为了达到农产品价格高涨的目的故意为之；客观方面表现为通过捏造、散布农产品涨价信息等手段推动农产品价格过高、过快上涨。自然灾害造成农产品减产是首选的炒作噱头，投机炒作者还利用人们关心健康、注重养生的心理，夸大绿豆、大蒜等农产品的功效，进一步推高这类农产品的价格。哄抬农产品价格的法律适用：《价格法》第14条、第40条和《价格违法行为行政处罚规定》第6条是哄抬价格行为的处罚依据。其三，农产品卡特尔。为了统一行动，投机炒作者往往合谋串通，限制农产品的销售量，而后共同涨价以期获取最大利益，本书称之为农产品卡特尔。对农产品卡特尔的认定：实施农产品卡特尔的主体是两个以上具有竞争关系的经营者以及行业协会，农业生产者及农村经济组织不能成为农产品卡特尔的主体；主观上必须有共同的意愿，即行为人就限制农产品销售数量、农产品涨价达成意思表示的一致；客观方面表现为农产品经营者根据意思联络采取协调一致的行动，包括协议、决定和协调行为；认定农产品卡特尔并不要求具有实际损害结果的要件，只要行为人采取协调一致的行动即可认定其为违法。农产品卡特尔的法律适用：《价格法》《价格违法行为行政处罚规定》与《反垄断法》《反价格垄断规定》存在差异。根据新法优于旧法的原则，在两项法律不一致时应优先适用《反垄断法》。在农产品经营者仅仅实施数量限制卡特尔行为时，只能适用《反垄断法》。在行业协会实施农产品卡特尔行为时，只能适用《反垄断法》及《反价格垄断规定》。农业生产者及农村经济组织的行为不适用《反垄断法》及《反价格垄断规定》，但可以适用《价格法》以及《价格违法行为行政处罚规定》。

（3）关于国际投机资本的监管。国际投机资本是投机炒作农产品的重要资金来源，对国际投机资本的监管是防范投机炒作农产品违法行为的关键措施。国际投机资本具有投机性、风险性、短期性和隐蔽性特征。资本的逐利本性、国际金融自由化和金融业务的发展是国际投机资本产生的原因。国际投机资本的来源多样，获取资产的价格差收益是其获利的方式之一。进入中国的国际投机资本的途径主要有经常项目渠道、资本与金融项目渠道和非法渠道。进入中国的国际投机资本的计算方式主要有直接法、间接法和混合法。根据不同的计算方法，进入中国的国际投机资本少则数千亿美元，多则万亿美元以上。近年来，国际投机资本在中国的主要投机领域包括房地产市场、证券市场、艺术品市场、农产品市场等。中国对房地产市场和证券市场国际投机资本的管控较为严格，这在很大程度上限制了国际投机资本的投机渠道。为了继续获得高额收益，国际投机资本会加强在农产品等领域的投机活动。农产品市场在恰恰具有投机获利机会的情况下，催生了投机炒作农产品违法行为。《外汇管理条例》是进行外汇监管的基本的综合性法律依据。国家外汇管理局、中国人民银行、银行业监督管理委员会等机构发布的相关法律文件也是对国际投机资本加以监管的法律依据。加强对国际投机资本流入渠道的监管可以减少流入境内的国际投机资本的规模，防止国际投机资本对农产品的投机炒作。

（4）关于投机炒作农产品的法律责任。其一，投机炒作农产品的行政责任。规范投机炒作农产品违法行为的法律法规规定的法律责任绝大部分为行政责任。投机炒作农产品行政责任存在不足，应加以完善：首先，应增设计算罚款数额的依据。违法行为人的销售额是更容易确定的，应当把销售额的一定比例作为罚款数额，同时规定以违法所得和销售额为依据计算的数字较高者作为最后确定罚款数额的依据。其次，罚款处罚不应设置上限，由主管机关综合考虑违法行为人的主观恶性、所起作用和损害后果给予罚款处罚。再次，在处以责令停业整顿，或者由工商行政管理机关吊销营业执照或者撤销登记处罚时，还应当同时处以没收违法所得并处罚款的处罚。其二，投机炒作农产品的民事责任。在投机炒作者的行为侵害了其他经营者和消费者民事权益时，经营者和消费者可以请求投机炒作者承担侵权民事责任。投机炒作农产品行为人承担民事责任的理由：行为人承担投机炒作农产品民事责任于法有据；具有激励私人参与的功效；可以增加行为人的违法成本。投机炒作农产品民事责任的请求权人包括受到投机炒作违法行为侵害的经营者和消费者，包括间接购买人。消费者组织等可以为保护由于投机炒作行为造成损害的消费者利益提起民事公益诉讼。责任主体是农产品经营者以及行业协会等。投机炒作农产品民事责任的形式是停止侵害和损害赔偿，退还价款不是民事责任的形式。应当对投机炒作农产品适用停止侵害的责任，但是应加以限制。投机炒作农产品给经营者和消费者造成的损失有不同的计算方式。我国目前没有必要规定投机炒作农产品的惩罚性损害赔偿责任，同时应对损害赔偿责任的适用加以限制。投机炒作农产品的民事侵权责任应当采用过错推定责任原则。其三，投机炒作农产品的刑事责任。为了有效规制严重危害社会的投机炒作农产品行为，应当追究投机炒作农产品构成犯罪的行为人的刑事责任，理由如下：严重的投机炒作农产品行为具有很大的社会危害性；投机炒作农产品的刑事责任与行政责任、民事责任相互协调配合，构成完整的责任体系；与投机炒作农产品行为类似、较轻的行为已经规定为犯罪行为；规定投机炒作农产品的刑事责任不是历史的倒退。目前可以通过司法解释，依据现行法追究投机炒作农产品的刑事责任。在没有修正《刑法》、增加有关条款的情况下，最有效的办法是由最高人民法院、最高人民检察院通过发布司法解释的方式，对投机炒作农产品的行为按照非法经营罪追究投机炒作者的刑事责任。将来，应通过制定刑法修正案的方式增加相关法律条文。新增加的法条不必局限于规制投机炒作农产品犯罪行为，可以对价格犯罪单独设置法条，将投机炒作农产品的具体表现列入价格犯罪之中。新增加的价格犯罪所应受到的刑罚处罚应是罚金、没收财产的财产刑和管制、拘役、有期徒刑等自由刑，不宜设置无期徒刑和死刑这样的严厉刑罚方式。

农产品事关人类的生存和健康，是经济发展和社会稳定的基础。维持农产品价格稳定不但是经济问题，更是民生问题。我国农业生产连续几年丰收，重要农产品生产稳步增加，市场供求总体平衡，价格基本稳定。农产品价格波动的原因多种多样，但是投机炒作农产品是其中的人为因素。投机炒作者囤积居奇、捏造散布涨价信息、哄抬价格的行为严重扰乱了市场秩序，损害了农产品生产者、消费者和其他经营者的合法权益。虽然我国多部门联合下发通知严厉打击投机炒作农产品违法行为并取得了成效，但是某些农产品依然存在暴涨暴跌的现象，这很有可能是投机炒作者的行为在作祟。本书研究了投机炒作农产品违法行为的界定标准，分析了投机炒作农产品违法行为的具体表现，阐述了对投机炒作农产品以及国际投机资本的监管，探讨了投机炒作农产品违法行为的法律责任，期望对打击投机炒作农产品违法行为、稳定农产品价格、维护市场经济秩序以及维护消费者和和经营者合法权益有所裨益。

参考文献

一、中文类

（一）中文书籍类

[1] 现代汉语词典［M］. 北京：商务印书馆，1996.

[2] ［英］凯恩斯. 就业、利息和货币通论［M］. 徐毓枬，译. 北京：商务印书馆，1983.

[3] 辞源［M］. 北京：商务印书馆，1980.

[4] 汉语大词典［M］. 北京：商务印书馆国际有限公司，2003.

[5] 汉语大词典［M］. 第六卷·上册. 上海：上海辞书出版社，1990.

[6] 任超奇. 新华汉语词典［M］. 北京：湖北长江出版集团，崇文书局，2006.

[7] ［英］戴维·皮尔斯. 现代经济学辞典［M］. 毕吉耀，谷爱俊，译. 北京：北京航空航天大学出版社，1992.

[8] 黄长征. 投机经济学［M］. 北京：中国社会科学出版社，2003.

[9] ［美］本杰明·格雷厄姆，戴维·多德. 证券分析［M］. 徐彬，等译. 北京：中国人民大学出版社，2009.

[10] 蔡鸿源. 民国法规集成［M］. 卷99. 合肥：黄山书社，2001.

[11] 中共中央文献研究室. 建国以来重要文献选编［M］. 第1册. 北京：中央文献出版社，1992.

[12] 乔伟. 新编法学词典［M］. 济南：山东人民出版社，1985.

[13] 刘隆亨. 现代经济法辞典［M］. 北京：北京大学出版社，1992.

[14] 刘大洪. 法经济学视野中的经济法研究［M］. 第2版. 北京：中国法制出

版社，2008.

［15］王冰. 市场经济原理［M］. 北京：研究出版社，2011.

［16］丁邦开，等. 竞争法律制度［M］. 南京：东南大学出版社，2003.

［17］严行方. 农产品疯了？［M］. 北京：北京出版集团公司，北京出版社，2011.

［18］［德］路德维希·艾哈德. 来自竞争的繁荣［M］. 祝世康，穆家骥，译. 北京：商务印书馆，1983.

［19］［德］马克思. 资本论［M］. 第1卷. 北京：人民出版社，2004.

［20］王德章. 价格学［M］. 北京：中国人民大学出版社，2006.

［21］王晓晔. 反垄断法中的卡特尔［M］//王晓晔论反垄断法. 北京：社会科学文献出版社，2010.

［22］王晓晔. 竞争法研究［M］. 北京：中国法制出版社，1999.

［23］［美］小贾尔斯·伯吉斯. 管制和反垄断经济学［M］. 冯金华，译. 上海：上海财经大学出版社，2003.

［24］王玉辉. 垄断协议规制制度［M］. 北京：法律出版社，2010.

［25］王仁富. 中国竞争法律体系及其协调性研究［M］. 北京：中国检察出版社，2012.

［26］［日］植草益. 微观规制经济学［M］. 朱绍文，译. 北京：中国发展出版社，1992.

［27］周学荣. 政府规制论［M］. 武汉：湖北长江出版集团，湖北人民出版社，2010.

［28］［美］丹尼尔·F. 史普博. 管制与市场［M］. 余晖，等译. 上海：上海三联书店，上海人民出版社，1999.

［29］茅铭晨. 政府管制法学原论［M］. 上海：上海财经大学出版社，2005.

［30］王健等. 中国政府规制理论与政策［M］. 北京：经济科学出版社，2008.

［31］王俊豪. 管制经济学［M］. 北京：高等教育出版社，2007.

［32］文学国. 政府规制：理论、政策与案例［M］. 北京：中国社会科学出版社，2012.

［33］安东尼·奥格斯. 规制：法律形式与经济学理论［M］. 骆梅英，译. 北京：中国人民大学出版社，2008.

[34] 杨继瑞. 价格理论与实践 [M]. 成都：四川大学出版社，2006.

[35] 约翰·伊特威尔，默里·米尔盖特，彼得·纽曼. 新帕尔格雷夫经济学大辞典 [M]. 第 2 卷 E－J. 北京：经济科学出版社，1996.

[36] 张亦春，王先庆. 国际投机资本与金融动荡 [M]. 北京：中国金融出版社，1998.

[37] [英] 戴维·皮尔斯. 现代经济学辞典 [M]. 毕吉耀，谷爱俊，译. 北京：北京航空航天大学出版社，1992.

[38] 冯菊平. 国际游资与汇率风险 [M]. 北京：中国经济出版社，2006.

[39] 梅新育. 国际游资与国际金融体系 [M]. 北京：人民出版社，2004.

[40] [美] 帕德玛·德塞. 金融危机，蔓延与遏制：从亚洲到阿根廷 [M]. 王远林，等译. 北京：中国人民大学出版社，2006.

[41] 易纲，张磊. 国际金融 [M]. 北京：上海人民出版社，1999.

[42] 王健. 反垄断私人执行——基本原理与外国法制 [M]. 北京：法律出版社，2008.

[43] 中国世界贸易组织研究会竞争政策与法律专业委员会. 中国竞争法律与政策研究报告（2011 年）[M]. 北京：法律出版社，2012.

[44] 丁国峰. 反垄断法律责任制度研究 [M]. 北京：法律出版社，2012.

[45] 曾世雄. 损害赔偿法原理 [M]. 北京：中国政法大学出版社，2001.

[46] 李国海. 反垄断法实施机制研究 [M]. 北京：中国方正出版社，2006.

[47] [美] 理查德·A. 波斯纳. 反托拉斯法 [M]. 第 2 版. 孙秋宁，译. 北京：中国政法大学出版社，2003.

[48] 王利明，杨立新. 侵权行为法 [M]. 北京：法律出版社，1996.

[49] 张民安. 过错侵权责任制度研究 [M]. 北京：中国政法大学出版社，2002.

[50] 张明楷. 刑法原理 [M]. 北京：商务印书馆，2011.

[51] 吴伟达. 反垄断法视野中的价格竞争 [M]. 杭州：浙江大学出版社，2005.

[52] 杨兴培，李翔. 经济犯罪和经济刑法研究 [M]. 北京：北京大学出版社，2009.

[53] 金其高. 经济犯罪与经济安全 [M]. 北京：学林出版社，2012.

[54] 凌岚. 公共经济学原理 [M]. 武汉：武汉大学出版社，2010.

［55］王晓晔．王晓晔论反垄断法［M］．北京：社会科学文献出版社，2010．

［56］叶卫平．反垄断法价值问题研究［M］．北京：北京大学出版社，2012．

［57］王家珍．反不正当竞争行为研究［M］．北京：中国物价出版社，2003．

［58］徐士英，等．竞争法新论［M］．北京：北京大学出版社，2006．

［59］薛才玲，黄岱．政府管制理论研究［M］．北京：西南交通大学出版社，2012．

［60］方燕．中国农产品价格波动与调控机制研究［M］．北京：经济科学出版社，2013．

［61］王先林．中国反垄断法实施热点问题研究［M］．北京：法律出版社，2011．

［62］邹积量．市场经济条件下的价格管制研究［M］．北京：经济科学出版社，2012．

（二）期刊及其他类

［1］郑风田．应重拳打击农产品炒作［J］．农经，2010（8）．

［2］岩雪．农产品价格下半年涨声或再起［N］．证券时报，2012 - 06 - 08（13）．

［3］李雁争．三部门重拳出击 制止游资投机炒作农产品［N］．上海证券报，2010 - 05 - 28（F03）．

［4］郑风田．别让农产品炒作成为常态［N］．环球时报，2010 - 04 - 21．

［5］国家发展改革委价监局市场监管处．绿豆串通涨价案［J］．中国价格监督检查，2012（8）．

［6］陈波．快速查处农产品价格违法行为 切实维护市场价格秩序［J］．中国价格监督检查，2011（1）．

［7］国家发展改革委、商务部、国家工商总局通报囤积哄抬农产品价格违法案件查处情况并答记者问［J］．中国价格监督检查，2010（7）．

［8］张学兵．当代中国史上"投机倒把罪"的兴废——以经济体制的变迁为视角［J］．中共党史研究，2011（5）．

［9］农产品炒作："豆你玩"到"蒜你狠"，再到"姜你军"……［J］．数据中国，2010（42）．

［10］吴丽华．农产品炒作路径复制［N］．华夏时报，2010 - 08 - 14（005）．

［11］林进宁．解析囤积炒作小宗农产品对市场影响及预防对策［J］．价格理论与实践，2011（4）．

［12］周婷，卢铮．农产品炒作惊现"金融手法"监控资金异动遏游资［N］．中

国证券报，2010 – 06 – 18（A03）.

[13] 项开来，白田田. 投资投机成农产品价格一大推手 [N]. 经济参考报，2012 – 03 – 03（003）.

[14] 李张文婷. 浅论我国部分农产品价格不正常波动成因及解决办法 [J]. 经济视角，2010（11）.

[15] 李炎. 中国版"郁金香事件"：小宗农产品炒作揭秘 [N]. 21 世纪经济报道，2010 – 06 – 14（011）.

[16] 胡军华，黄世瑾. 农民无缘分羹农产品涨价 价值低估引来游资炒作 [N]. 第一财经日报，2010 – 06 – 01（B03）.

[17] 田丽. 严查信贷资金挪用于农产品炒作 [N]. 人民日报（海外版），2010 – 11 – 24（005）.

[18] 梁发芾. "囤积居奇"的标准如何认定 [N]. 中国经营报，2010 – 06 – 21（A11）.

[19] 李德新，叶莉. 部分农产品价格暴涨的冷思考 [J]. 江苏农村经济，2010（9）.

[20] 侯淑珍，田延国. 农产品价格暴涨暴跌的思考与对策 [J]. 山东省农业管理干部学院学报，2010（5）.

[21] 王晓晔. 加重制裁——本身违法的卡特尔类型及法律后果 [J]. 国际贸易，2004（8）.

[22] 董新凯. 从绿豆企业串通涨价看研讨会式垄断协议的反垄断法规制 [J]. 江苏社会科学，2011（1）.

[23] 刘树杰. 价格监管现代化的认识基础 [J]. 中国价格监督检查，2011（3）.

[24] 朱明龙，周智高. 我国政府价格监管问题研究 [J]. 价格理论与实践，2009（1）.

[25] 周玉能.《价格法》关于价格干预措施的规定应该修改 [J]. 中国物价，2004（8）.

[26] 周玉能. 对关于价格干预措施的修改意见 [J]. 价格与市场，2005（1）.

[27] 徐小平. 完善国家引导和干预经营者价格行为法律制度的思考 [J]. 中国物价，2006（4）.

［28］刘刚．对市场经济条件下价格监管体制的思考［J］．中国物价，2000（6）．

［29］刘光溪，陈嘉祥．论国际投机资本影响的中性化问题［J］．国际贸易，2009（10）．

［30］王军，齐银山，王梦潇．国际热钱流动的规模、趋势及其防范研究［J］．宏观经济研究，2010（8）．

［31］王毅．我国热钱流入规模及影响因素的分析与思考［J］．金融发展评论，2011（5）．

［32］张明．当前热钱流入中国的规模与渠道［J］．金融前沿，2008（7）．

［33］成思危．虚拟经济与金融危机［J］．管理科学学报，1999（1）．

［34］宗良．对国际游资冲击金融市场的若干思考［J］．国际金融研究，1997（11）．

［35］何泽荣，徐艳．论国际热钱［J］．财经科学，2004（2）．

［36］王国刚，余维彬．"国际热钱大量流入中国"论评析［J］．国际金融研究，2010（3）．

［37］时旭辉，范雯静．国际投机资本的界定与规模测算方法研究［J］．商业研究，2012（7）．

［38］越南金融危机隐现 海外热钱是罪魁祸首［N］．新华日报，2008 - 06 - 06．

［39］唐旭，梁猛．中国贸易顺差中是否有热钱，有多少［J］．金融研究，2007（9）．

［40］格特·鲁文霍斯特．共同基金的起源［J］．王宇，译．金融发展研究，2012（12）．

［41］张明，林晓红．当前热钱大规模流入我国的原因及对策［J］．中国党政干部论坛，2008（7）．

［42］国家外汇管理局国际收支分析小组．2010 年中国跨境资金流动监测报告［R］．2011 - 02 - 17．

［43］国家外汇管理局国际收支分析小组．2013 年中国跨境资金流动监测报告［R］．2014 - 02 - 25．

［44］蔡岩红．违规携带货币入境已成"热钱"流入渠道［N］．法制日报，2010 - 03 - 21．

［45］陈兴良．当代中国的刑法理念［J］．国家检察官学院学报，2008（3）．

［46］郭嘉发，曾粤兴．再论投机倒把罪应予废除［J］．法律科学，1994（6）．

［47］顾列铭．地下钱庄何去何从［J］．上海经济，2008（9）．

［48］谢春凌．浅析流入我国境内国际热钱规模的估算方法［J］．新金融，2009（10）．

［49］周虎群，李富有，刘一瑾．中国国际游资流入规模测算、影响因素的实证分析［J］．人文杂志，2011（1）．

［50］张明，徐以升．全口径测算中国当前的热钱规模［J］．当代亚太，2008（4）．

［51］杜辉，张建坤．热钱对我国房地产业的不利影响及对策［J］．房地产市场，2006（12）．

［52］潇琦．大量外资继续涌向中国房地产业 如何加大力度堵"热钱"？［J］．北京房地产，2007（5）．

［53］武宇琼．国际热钱对中国房地产市场的影响研究［J］．江苏商论，2014（7）．

［54］外管局．热钱流入房地产现象确实存在［J］．中国房地信息，2010（7）．

［55］刘铁，史运昌．热钱对房地产价格的影响［J］．广东金融学院学报，2009（6）．

［56］黎友焕．境外热钱对我国房地产市场的影响及其对策研究［J］．金融与经济，2008（2）．

［57］林晓燕，胡明志．热钱流入对我国一二线城市房价指数的影响［J］．汕头大学学报（人文社会科学版），2012（4）．

［58］刘旦．"热钱"流入对房地产调控的影响［J］．中国国情国力，2011（2）．

［59］欧阳爱辉．刍议哄抬价格行为的入罪化［J］．中国发展，2012（2）．

［60］刘迎霜．浅析我国反垄断法中的民事责任［J］．南京社会科学，2009（1）．

［61］谭袁．反垄断法责任制度探讨［J］．西部法学评论，2012（4）．

［62］周巧．价格垄断行为的法律责任制度探析［J］．企业改革与管理，2014（4）．

［63］唐德才．论垄断行为的刑法规制［J］．特区经济，2007（7）．

［64］朱明龙，周智高．我国政府价格监管问题研究［J］．价格理论与实践，2009（1）．

［65］黄勇．反垄断法上的损害赔偿及其计算初论［J］．中国社会科学院研究生院学报，2009（4）．

［66］张初霞．侵权损害赔偿的客观与主观计算［J］．广西政法管理干部学院学报，2012（5）．

［67］章雅琴，冯海军．当前查办价格垄断协议案件遇到的困难和对策［J］．价格理论与实践，2011（12）．

［68］叶卫平．价格垄断协议的认定及其疑难问题［J］．价格理论与实践，2011（4）．

［69］荣国权，郭宗旋，魏巍．垄断协议刑事责任分析［J］．中国检察官，2012（2）．

［70］张平．论垄断协议罪及其刑事责任［J］．理论观察，2006（6）．

［71］董灵．论我国《反垄断法》禁止的价格垄断协议［J］．价格理论与实践，2008（7）．

［72］刘铮，江国成．部分农产品价格上涨原因何在？［N］．人民日报（海外版），2010 - 06 - 01（005）．

［73］史晓菲．炒作农产品情节严重将处五倍罚款［N］．消费日报，2010 - 06 - 01（A01）．

［74］耿雁冰．打击农产品囤积之困［N］．21世纪经济报道，2010 - 05 - 27（005）．

［75］鲍川，张驰．浅析我国农产品价格投机炒作的原因及对策［J］．职业时空，2012（12）．

［76］张振国，燕翮．加入WTO后我国农产品价格政策的法律思考［J］．法制与社会，2008（1）．

［77］韩爱芹．论农产品价格稳定的法律规制［J］．商业时代，2010（36）．

［78］刘艳．论我国农产品价格稳定的法律应对机制［J］．安徽农学通报，2007（20）．

［79］宋晓敏，宫爱萍．浅析农产品价格攀升及其对策［J］．新西部，2012（18）．

［80］朱立新．囤积居奇现状的经济学思考［J］．齐鲁珠坛，2012（1）．

［81］梁小民．囤积居奇新解［J］．改革与理论，2000（7）．

［82］高明．如何稳定农产品价格问题探析［J］．全国商情，2011（6）．

[83] 邵作昌. 农产品价格波动的经济学解释 [J]. 农业经济, 2011 (1).

[84] 唐玲, 苏楠. 浅谈我国农产品价格不合理波动的原因和改善措施 [J]. 产业经济, 2011 (10).

[85] 付俊文. 小农产品价格非常规上涨与构建我国农产品价格稳定长效机制研究 [J]. 中央财经大学学报, 2011 (2).

[86] 鲁篱, 周道树. 行业协会价格卡特尔反垄断法规制的比较研究 [J]. 河北法学, 2007 (9).

[87] 侯洁琪. 完善我国反垄断法对价格卡特尔之规制 [J]. 理论前沿, 2009 (12).

[88] 鲁篱. 我国行业协会价格卡特尔的法律规制 [J]. 西南民族大学学报 (人文社科版), 2007 (11).

[89] 吴清萍, 忻红. 囤积居奇的反垄断问题解析 [J]. 商业经济与管理, 2012 (1).

[90] 梁传基. 资本炒作影响严重 农产品定价机制变异 [N]. 粮油市场报, 2010 – 11 – 24 (001).

[91] 何丰伦. 万亿游资炒作农产品 [J]. 农产品市场周刊, 2010 (16).

[92] 黎霆. 小宗农产品炒作隐忧 [J]. 农经, 2010 (6).

[93] 邢晓荣. 游资炒作对中国农产品贸易的影响 [J]. 世界农业, 2011 (4).

[94] 王秋良, 刘金妠. 反垄断民事诉讼原告资格的认定 [J]. 东方法学, 2011 (4).

[95] 郭宗杰. 简论日本对不正当价格竞争行为的规制 [J]. 中国物价, 2003 (6).

[96] 陈建勋. 消费者反垄断民事诉讼若干问题的思考 [J]. 法治研究, 2008 (5).

[97] 顾海兵, 徐忠海. 美国价格管理及其对我国的借鉴意义 [J]. 广州市财贸管理干部学院学报, 2002 (3).

[98] 陈志. 新改革背景下完善价格法之思考——基于韩国价格调控的经验 [J]. 法学, 2014 (4).

[99] 安徽省赴美价格培训考察团. 对美国价格管理机制的几点思考 [J]. 价格理论与实践, 2005 (11).

[100] 赴韩竞争政策研讨代表团. 韩国制止串通投标、价格卡特尔和滥用市场支配地位行为的有关规定、执法实践及经验启示 [J]. 中国价格监督检查, 2011 (3).

[101] 刘武兵, 刘艺卓. 农产品价格形成机制：欧盟的经验教训 [J]. 中国党政干部论坛, 2014 (5).

[102] 温家宝主持召开国务院常务会议部署加强地方政府融资平台公司管理和严厉打击囤积居奇哄抬农产品价格等违法行为 [EB/OL]. http://news. xinhuanet. com/politics/2010 – 05/27/c_ 12149650. htm, 2013 – 07 – 02.

[103] 财政部, 国家税务总局. 农业产品征税范围注释 [S/OL]. http://www. chinaacc. com/new/63/67/84/2006/1/ti0481595444510216002178 18 – 0. htm, 2013 – 05 – 03.

[104] 2012 – 2013 年全球和中国水稻产量及进出口情况分析预测 [EB/OL]. http://www. china – consulting. cn/data/20130205/d8219. html, 2013 – 06 – 05.

[105] 钟晶晶. 发改委称游资炒作是农产品价格上涨直接推手 [EB/OL]. http://news. qq. com/a/20101125/000125. htm, 2013 – 03 – 12.

[106] 养生专家提倡绿豆养生被指为绿豆涨价推手 [EB/OL]. http://news. sina. com. cn/h/2010 – 05 – 26/050720346189. shtml, 2013 – 03 – 17.

[107] 大蒜防甲流科学依据不足 [EB/OL]. http://paper. dzwww. com/dzrb/data/20091221/html/5/content_ 12. html, 2013 – 03 – 17.

[108] 冯建华. "热钱"涌入中国？ [EB/OL]. http://www. bjreview. cn/Cn/2003 – 38/200338 – fm1. htm, 2014 – 07 – 13.

[109] 胡俊华, 马骏骎. 热钱流入路径诡异 三部门围堵恐难奏效 [EB/OL]. http://forex. hexun. com/2008 – 07 – 04/107180237. html, 2014 – 07 – 13.

[110] 最高法院知产庭负责人就司法解释征求意见稿答记者问 [EB/OL]. http://rmfyb. chinacourt. org/paper/html/2011 – 04/26/content_ 26388. htm? div = – 1, 2013 – 07 – 05.

二、英文类

[1] Alun Thomas. Financial Crises and Emerging Market Trade：Prepared by the Strategy,

Policy and Review Department. IMF Working Paper, 2009.

[2] Andrew Goldman. Trade Associations: Toeing the Line Between Antitrust Concerns and Protected Speech. Geo. Mason U. Civ. Rts. L. J. , 2006.

[3] Ashurst. Study on the Conditions of Claims for Damages in case of Infringement of EC Competition Rules. Comparative Report, 2004 (8).

[4] Barry Rodger. Competition Law Litigation in the UK Courts: A Study of All Cases to 2004: Part 3. European Competition Law Review, 2006.

[5] Becher, D. A. , Jensen, G. R. , Mercer, J. M.. Monetary Policy Indicators as Predictions of Stock Returns. The Journal of Financial Research, 2008.

[6] Bosworth, B. P. , Collins, S. M. Capital Flows to Developing Economies: Implications for Saving and Investment. Brookings Papers on Economic Activity, 1999 (1).

[7] Boyd, J. , B. Smith. Intermediation and the Equilibrium Allocation of Investment Capital: Implications for Economic Development. Journal of Monetary Economies, 1992 (3).

[8] Chari, V. , P. J. Kehoe. "Hot Money", The Journal of Political Economy. 2003 (6).

[9] Dahlquist, M. , Robertsson, G.. A Note on Foreigners' Trading and Price Effects Across Firms. Journal of Banking and Finance, 2004 (3).

[10] Dasgupta, D. , D. Ratha. What Factors Appear to Drive Private Capital Flows to Developing Countries and How Does Official Lending Respond. World Bank Policy Research Working Paper, 2000.

[11] De gregorio, Edwards, Valdes. Controls on Capital Flows: Do They Work? NBER Working Paper, 2000.

[12] Diamond, D. , R. Rajan.. Banks, Short Term Debt and Financial Crises: Theory, Policy Implications and Applications. Carnegie – Rochester Series on Public Policy, 2001.

[13] Edison, H. , Carmen, R. M. Stopping Hot Money. Journal of Development Economics, 2001 (66).

[14] Edwards. Capital Controls, Capital Flow Contractions and Macroeconomic Vulnera-

bility. NBER Working Paper, 2007.

[15] Emily Clark, Mat Hughes, David Wirth. Analysis of Economic Models for The Calculation Of Damages. http: //ec1europa1eu/competition/antitrust/actionsdamages/economic – clean – en1pdf1.

[16] Erik, Lueth. Capital Flows and Demographics – An Asian Perspective. IMF Working Paper, 2008.

[17] Glick Reuven, Michael Hutchison. Capital Controls and Exchange Rate Instability in Developing Economies. Journal of International Money and Finance, 2005 (24).

[18] Guonan Ma, Robert N. McCauley. Do China's Controls Still Bind? Implications for Monetary Autonomy and Capital Liberalization. BIS working paper, 2007.

[19] Illinois Brick Co v. Illinois. http: //en. wikipedia. org/w/index. php? title = Illinois_ Brick_ Co_ v. _ Illinois&action = edit.

[20] Jacob Gyntelberg, Patrick McGuire, Goetzvon Peter. Highlights of International Banking and Financial Market Activity. Bank for International Settlements, 2009 (6).

[21] Jagdish Handa. Monetary Economics. London & New York: Routledge, Taylor & Francis Group. 2000.

[22] John Johnson. Economic Approaches to Antitrust Damage Estimation. http: //www1neral com/image/Antitrust % 20Damage % 20Estimation – 1120051pdf1.

[23] Krugman, P. Balance Sheets, the Transfer Problem and Financial Crises. International Tax and Public Finance, 1999.

[24] Kumhof, M. Sterilization of Short – Term Capital Inflows through Lower Interest Rates. Journal of International Money and Finance, 2004 (23).

[25] Laeven, L., F. Valencia. Systemic Banking Crises: A New Database. IMF Working Paper, 2008.

[26] Landes, Posner. Should Indirect Purchasers Have Standing To Sue Under the Antitrust Laws? An Economic Analysis of the Rule of Illinois Brick. U. CHI. L. REV, 1979.

[27] Makan Delrahim. Current Development At Antitrust Division, Speech to Leadership Council of Section of Antitrust Law. American Bar Association, 2004 (23).

[28] Mark R. A. Palim. The Worldwide Growth of Competition Law: An Empirical Analysis. Antitrust Bulletin, 2008.

[29] Matthias Nnadi, Ovunda V. C. Okene. Merger Regulations and Ethics in the European Union: the Legal and Political Dimensions. European Competition Law Review, 2012.

[30] May, J. Redirecting the Future – Law and the Future and the Seed of Change in Modern Antitrust Law. Mississippi College Law Review, 1996 (17).

[31] Michael, F. Marin, Wayne, M. Morrison. China's "Hot Money" Problems. Open CRS, 2008.

[32] Mulder, C., R. Perrelli, M. Rocha. The Role of Corporate, Legal and Macroeconomic Balance Sheet Indicators in Crisis Detection and Prevention. IMF Working Paper, 2002.

[33] Oliver Q. C. Zhong. Dawn of A New Constitutional Era or Opportunity Wasted? An Intellectual Reappraisal of China's Anti – Monopoly Law. Columbia Journal of Asian Law, 2010.

[34] Prasad, E., R. Rajan. A Pragmatic Approach to Capital Account Liberalization. NEBR Working Paper, 2008.

[35] Reinhart, C., T. Smith. Temporary Controls on Capital Flows. Journal of International Economics, 2002 (2).

[36] Roberto Cardarelli, Selim Elekdag, M. Ayhan Kose. Capital Inflows: Microeconomic Implications and Policy Responses. IMF Working Paper, 2009.

[37] Sarno, L, Taylor, M. P. Moral Hazard, Asset Price Bubbles, Capital Flows, and the East Asian Crisis: The First Tests. Journal of International Money and Finance, 1999.

[38] Tom Krebs. Fundamentals, Information and International Capital Flows: A Welfare Analysis. Europe Economic Review, 2005 (49).

[39] Vincent BOUVATIER. Hot Money Inflows in China: How the People's Bank of

China Took up the Challenge. 2006（11）. http：//halshs. archives – ouver-tes. fr/docs/00/11/11/53/PDF/Bla06011. pdf.

[40] Wei X. H. , Zhang Y. Y. , Xie Z. L. , Hou Y. , Jing Z. B. . Monetary Liquidity in China, Measurement and Implied Investment Strategy. SSRN Working Paper Series, 2009.

[41] Wouter P. J. Wils, Is Criminalization of EU Competition Law the Answer. World Competition, 2005.

[42] Wouter P. J. Wils, The Relationship between Public Antitrust Enforcement and Private Actions for Damages. World Competition, 2009.

[43] Yuksel, U. A Risky Mode of Foreign Market Entry：International Portfolio Investments. Journal of Business & Economics Research, 2010（8）.